I0412518

CÓMO HIPNOTIZAR

El secreto del mago

Psicólogo:

Franco Hall

Copyright © 2015

ISBN-13: 978-1517613747

ISBN-10: 1517613744

INTRODUCCIÓN

Un viaje a la playa

Imagina que estás sentado en una gran roca y que el mar está a unos seis metros por debajo de ti... presta atención al rugido del océano al golpear contra las rocas... olfatea el aire salado... escucha las gaviotas... descubre el sendero que va hacia la playa... baja por él... quítate los zapatos y camina con tus pies desnudos sobre la cálida arena en dirección al mar... deja que el tibio mar meje los dedos de tus pies... agáchate y escribe "Te quiero" y los nombres de las personas que son especiales para ti... observa cómo las olas se llevan tu mensaje hacia el mar. Ahora sabes que tu mensaje ha sido entregado.

Ésta es sólo una de las diversas técnicas de visualización que aprenderéis con este libro. Al aquietar vuestra mente y aprender a sumiros en un estado hipnótico lograréis visualizar ese yo con el que siempre habéis soñado... ¡y hacerlo realidad!

La hipnosis es mucho más que un conjunto de palabras empleado en una técnica de relajación. Es una forma de disfrutar al máximo de la vida... un método para crear la realidad que cada uno desea forjar para el momento actual y para el futuro.

Hipnosis para principiantes es un alimento para vuestra alma. No sólo os alimentará un solo día, sino que os enseñará a pescar para que seáis capaces de alimentaros durante toda la vida.

La hipnosis es semejante a la ensoñación diurna, durante la cual vuestro estado de consciencia se altera hasta alcanzar la zona de frecuencia alfa y os entregáis a vuestras fantasías. Durante la hipnosis permanecéis todo el tiempo, conscientes pero abstraídos de las distracciones exteriores. La ensoñación diurna es un fenómeno perfectamente normal, sano y seguro al que todos nos entregamos con cierta frecuencia. En ocasiones, el sueño diurno está tan intensamente orientado hacia un objetivo que es posible llegar a materializarlo de una forma espontánea y sin una intención premeditada.

La hipnosis es una técnica que permite alcanzar deliberadamente ese estado alterado de consciencia —que es la ensoñación diurna— y dirigir vuestra atención a determinadas metas con el fin de materializarlas. Como el sueño diurno, la hipnosis es un fenómeno absolutamente normal, seguro y saludable. En ambos fenómenos estaréis conscientes, aunque apartados de las distracciones exteriores; la mente se ajusta a la frecuencia alfa; la diferencia es que en la hipnosis la mente no está orientada a las fantasías, sino a la consecución de determinados objetivos como, por ejemplo, dejar de fumar, hacer una dieta, mejorar la autoimagen, dominar miedos y fobias, mejorar la memoria—la lista es interminable.

Cuando hayáis terminado de leer Hipnosis para principiantes, habréis aprendido a hipnotizar a otras personas o a vosotros mismos, con el fin de conseguir objetivos positivos y de gran utilidad. A lo largo de este libro expondremos paso por paso todas las técnicas de la hipnosis, así como también ejemplos de casos que ilustran los temas específicos con el fin de que no tengáis dudas sobre la forma de proceder. Incluso aprenderéis a modificar las técnicas explicadas para desarrollar vuestros propios métodos.

Si vuestro interés por la hipnosis está motivado por un deseo de «enriqueceros rápidamente» o por la intención de ejercer control sobre los demás, será mejor que lo olvidéis. ¡No funcionará! No encontraréis dichos procedimientos en este libro. Sin embargo, si deseáis ampliar vuestra consciencia, volver a moldear vuestra vida o la vida de otras personas con el fin de enriquecerla, e inspirados por un espíritu de hermandad y de amor, entonces seguid adelante.

La hipnosis es en la actualidad uno de los instrumentos más valiosos para enriquecer la vida. Mediante la hipnosis se pueden eliminar hábitos perjudiciales, crear hábitos positivos y abordar de una forma constructiva cualquier tipo de problemas con el propósito de resolverlos. Es posible infundir felicidad para sustituir la desdicha.

Si todo esto es cierto, entonces todo el mundo debería ocuparse de autohipnotizarse diariamente. Las razones para que esto no ocurra es la falta de educación y de conocimiento. La mayoría de la gente carece de información o está mal informada sobre la hipnosis. En muy pocos lugares se ofrece información sobre el tema; no se enseña en los colegios públicos y sólo unas pocas universidades ofrecen cursillos sobre la hipnosis (y además la mayoría son superficiales). Algunas escuelas comerciales ofrecen cursos sobre hipnosis, aunque en general a un precio bastante elevado.

Hipnosis para principiantes incluye mis veinticinco años de práctica y experiencia personal presentados de una forma simple, clara y detallada. Se trata de un libro didáctico que comienza por el nivel elemental, y en él he incluido todo lo que es necesario saber para dominar las técnicas de la hipnosis y de la autohipnosis. Aquí se encuentra toda la información que precisan todos aquellos que desean avanzar en su crecimiento personal, quienes deseen consagrar todo su tiempo a esta profesión o dedicar, solamente media jornada laboral a esta actividad, aquellos cuyo objetivo sea ayudar a los demás y los que quieran desarrollar sus propias técnicas hipnóticas.

También encontraréis dos suplementos. El primero es una sección que os enseñará a regresar a una época anterior de vuestra vida actual así como también a vidas anteriores. El segundo es que este libro os permitirá acercaros a la autohipnosis como una puerta gracias a la cual es posible acceder al reino de la experiencia psíquica.

Para comprender este libro y dominar la hipnosis, sólo es necesario tener una inteligencia media y saber leer. ¡Eso es todo! No se requiere ningún título universitario ni un diploma de enseñanza secundaria. No es preciso tener una inteligencia superior. De hecho, este libro os enseñará a desarrollar vuestra inteligencia superior.

Hipnosis para principiantes elimina el velo de misterio y de ignorancia que ha ocultado la hipnosis durante siglos. El resultado es una simple y natural habilidad para influir en los demás que enriquece la vida de aquellos que la practican.

Ningún otro libro aborda el problema de la hipnosis explicando los procedimientos específicos en profundidad y con un espíritu humanitario.

Mis experiencias

Durante veinticinco años he practicado la hipnosis y he hipnotizado a cientos de personas en todas las situaciones concebibles. Cuando comencé, dedicaba media jornada por las tardes y los fines de semana a esta actividad sin cobrar a mis pacientes, ya que estaba aprendiendo, y de esta forma podía mejorar mis conocimientos; durante esos años, me ganaba la vida como escritor técnico.

Soy una persona altruista, y la hipnosis me dio la oportunidad de ayudar a los demás.

En 1976 tenía tanta demanda en la consulta que decidí dedicarme completamente a la hipnosis. En esa época cobraba 25 dólares la sesión, lo que significaba entre 10 y 25 dólares menos de lo que cobraban otros hipnotizadores. (Rechazo fanáticamente la codicia, y esto explica que mis honorarios sean razonables.) En cualquier caso, a pesar de los elevados gastos que tenía (renta, publicidad y cuentas de teléfono), creo que hice lo correcto.

Hubo dos acontecimientos separados por unos pocos meses que arruinaron el mercado de la hipnosis en la zona donde yo trabajaba. Dos hipnotizadores (uno de ellos médico y el otro psicólogo) fueron denunciados, pero los dos casos no tenían relación alguna entre sí. El médico fue declarado culpable de un mal uso masivo y flagrante de la hipnosis en función de un enriquecimiento personal y en detrimento de sus pacientes. Se le retiró la licencia médica pero no fue condenado a prisión.

En el caso del psicólogo, me ocupé personalmente de presentar los primeros cargos contra él en la oficina del abogado general del estado. La investigación reveló que yo sólo había observado la punta de un inmenso iceberg. Fue sentenciado a ocho años de prisión.

Los medios, de comunicación se ocuparon masivamente de estos dos casos, y todos los hipnotizadores fueron descalificados; como consecuencia resultó imposible ganarse la vida durante algún tiempo.

Volví a dedicarme a escribir sobre temas técnicos para poder vivir mientras practicaba la hipnosis como una actividad complementaria. En 1992 decidí retirarme (casi totalmente) y dedicar todo mi tiempo a escribir y a dar algún taller ocasional sobre el desarrollo psíquico; practicaba la hipnosis en casos muy especiales y viajaba frecuentemente por placer.

Mi objetivo

Mi objetivo al escribir este libro es presentar la hipnosis como una práctica honrada y beneficiosa. Si se practica la autohipnosis a solas en una habitación o con una persona amada o un amigo o amiga, los beneficios pueden ser enormes. Cuando marido y mujer practican la hipnosis con un mismo objetivo, pueden compartir un amor, una comprensión y una armonía que nunca antes hubieran creído posible. Por medio de la autohipnosis os acercaréis a vuestro ser superior y, a través de él, a todos los demás; en verdad no existen aspectos negativos en la hipnosis. Si os aproximáis a ella con integridad, obtendréis resultados muy ventajosos.

Este libro está dividido en tres partes. En la Parte Primera descubriréis qué es la hipnosis, cómo funciona y cómo podéis dominar el arte de la hipnosis. El capítulo 1 se ocupa del tema de la hipnosis en general. Allí encontraréis algunos mitos desprestigiados sobre la hipnosis, algunas indicaciones de lo que se debe y lo que no se debe hacer y ciertos consejos para la entrevista inicial con un paciente. En los capítulos 2 a 6 se exponen seis sesiones consecutivas de hipnosis exactamente como las he realizado con un paciente cuyo objetivo era controlar su dieta. Se indican en detalle todos los procedimientos reales con el fin de que podáis utilizarlos. (He elegido el ejemplo del control de la dieta porque en él se utilizan la mayoría de los procedimientos que es necesario conocer y también porque se trata de un tema muy popular.)

En la Parte II aprenderéis a practicar la regresión. En el capítulo 7 se explica cómo utilizar la hipnosis para lograr que otras personas regresen a una etapa pasada de su vida actual o a una vida anterior. Se incluye el procedimiento que he utilizado con éxito.

En la Parte III encontraréis las aplicaciones prácticas y una gran variedad de información complementaria. El capítulo 8 trata del uso de la hipnosis con niños y con un grupo de personas y también de la hipnosis como espectáculo teatral. El capítulo 9 es una recopilación de casos que se agregan a los ofrecidos en otros capítulos. Los casos seleccionados ilustran temas específicos sobre la hipnosis. El capítulo 10 contiene ejercicios adicionales de hipnosis para lograr determinados objetivos y con ellos se pretende complementar los ejercicios explicados en otros capítulos.

El capítulo 11 trata exclusivamente de la autohipnosis y explica cómo realizarla con el fin de alcanzar prácticamente cualquier objetivo, ya sea material, espiritual, de curación de heridas y de enfermedades o de modificación de hábitos. Este capítulo amplía la información previamente ofrecida.

El capítulo 12 contiene instrucciones detalladas para un amplio espectro de aplicaciones prácticas cotidianas.

El capítulo 13 contiene un resumen y se ocupa brevemente de algo que está más allá de la hipnosis: el área de los fenómenos psíquicos.

Los ejercicios

Cada sesión de los capítulos 2 a 6 contiene ejercicios que se nombran con letras o con una combinación de un número y una letra. (Dichas letras o combinaciones no se deben pronunciar en voz alta; sólo sirven para registrar los ejercicios grabados). El sistema de numeración no tiene un significado especial y es fácil de identificar.

Cuando comencé a crear los ejercicios hace ya varios años, utilicé las letras del alfabeto para clasificarlos y luego tuve que incorporar los números. Era mi sistema para organizar mi trabajo. Finalmente, eliminé algunos ejercicios y combiné otros; los que aparecen en este libro son únicamente los que utilizo en mi consulta. Os recomiendo que apuntéis cada ejercicio en una hoja de papel o en una tarjeta de 12 x 8 centímetros para que podáis ordenarlos de diferente forma de acuerdo con el fin propuesto. Como tendréis ocasión de comprobar, al finalizar la lectura de este libro seréis capaces de crear procedimientos especiales ordenando los diferentes ejercicios en el orden deseado.

La letra negrita indica las palabras que se deben pronunciar en voz alta. Sería bueno memorizar estas palabras, pero es igualmente correcto leerlas. Inicialmente, deberíais memorizar el ejercicio A (véase el capítulo 2). Es un ejercicio breve, y cuando el paciente advierta que lo sabéis de memoria, confiará más en vosotros. Durante el ejercicio A, debéis pedir al sujeto que cierre los ojos de modo que desde ese momento ya no tendrá forma de saber si estáis leyendo o si tenéis memorizadas las palabras. De cualquier modo, leer—o no leer— realmente no tiene demasiada importancia. Después de haberlo practicado durante un tiempo, seréis capaces de memorizarlo y de esta forma os sentiréis más seguros.

Definición de términos

A continuación ofrecemos las definiciones de diversos términos utilizados a lo largo de este libro.

Operador: El hipnotizador, es decir la persona que realiza los ejercicios de hipnosis.

Sujeto: La persona hipnotizada; también nombrado como el paciente.

Género: Si el texto se refiere a un caso específico, utilizo el género adecuado (él o ella). Si el texto no hace referencia a un caso determinado, utilizo el género femenino. Ocasionalmente utilizo «él o ella» para indicar que cualquiera de los géneros es aplicable; pero incluso cuando empleo el género femenino, la situación podría también aplicarse a un hombre. La razón por la cual utilizo el género femenino es porque el 90 por 100 de mis pacientes han sido mujeres. Ateniéndome a mi propia experiencia, debo decir que considero que las mujeres han sido más abiertas de mente y más receptivas a la hipnosis que los hombres.

CAPÍTULO 1

Cómo convertirse en un hipnotizador

CUALQUIER PERSONA puede aprender rápida y fácilmente las técnicas necesarias para convertirse en un hipnotizador. De cualquier forma, para llegar a ser un buen hipnotizador se requiere ser íntegro, honrado y consagrarse a dicha actividad con fines humanitarios. En el caso de tener todas estas cualidades, lo único que usted necesita es memorizar las técnicas y luego práctica, práctica y más práctica para seguir aprendiendo cada vez que practique la hipnosis. Después de haber practicado y aprendido mucho, usted podrá considerarse un hipnotizador.

¿QUÉ ES LA HIPNOSIS?

La hipnosis es semejante al estado de ensoñación diurna, en el cual la mente consciente se aquieta o permanece pasiva. Mediante su práctica, el hipnotizador sugestiona la poderosa mente subconsciente del sujeto.

Vamos a examinar de forma rápida y de un modo ligeramente técnico cómo funciona el cerebro. Su actividad se realiza en ciclos de frecuencia medibles que corresponden a ciertos tipos de actividad.

En 1929 Hans Berger utilizó un aparato de EEG (electroencefalograma) para descubrir que cuando los ojos de una persona estaban cerrados, el cerebro generaba ondas regulares en una serie de 8 a 12 ciclos por segundo (cps). A estas ondas las denominó ondas alfa. Posteriormente fueron descubiertos otros tipos de ondas cerebrales a las que se denominó, teta, beta y delta. Estas ondas cerebrales se corresponden con diversas funciones mentales, incluyendo la hipnosis y la experiencia psíquica. Los expertos coinciden en la clasificación de estas ondas y de su objetivo, pero están en desacuerdo en lo que respecta a los límites exactos de cada tipo de onda. Un experto puede definir una onda alfa entre los 8 y los 12 cps, en tanto otro puede afirmar que se encuentra entre los 7 y los 14 cps, y así sucesivamente. Los cuatro párrafos que presentamos a continuación nos ofrecen un consenso general en relación con estas ondas cerebrales.

Delta. La gama de frecuencia de la actividad cerebral en delta abarca desde O hasta aproximadamente 4 cps. Es totalmente inconsciente. No se tienen muchos conocimientos sobre la gama delta.

Teta. La gama de frecuencia en teta es desde aproximadamente 4 a 7 cps. Teta forma parte de la gama subconsciente, y en ocasiones la hipnosis tiene lugar en esta zona. Según parece, todas nuestras experiencias emocionales se registran en esta onda. Teta es ese estado especial que abre la puerta de la consciencia más allá de la hipnosis hacia el mundo de los fenómenos psíquicos. La experiencia psíquica generalmente tiene lugar en teta (véase el capítulo 5).

Alfa. La gama de frecuencia en alfa es de aproximadamente 7 a 14 cps. Generalmente se considera que alfa es la zona subconsciente. En ella tienen lugar el sueño, la ensoñación diurna y prácticamente toda la hipnosis. La meditación y también la experiencia psíquica ocurren principalmente en alfa (aunque en estado de meditación ocasionalmente se llega hasta teta). Alfa es una región muy importante en lo que se refiere a la hipnosis.

Beta. Es la zona consciente de la mente con gamas de frecuencia a partir de los 14 cps. Beta es donde tiene lugar nuestro razonamiento y conduce la mayor parte de nuestras ocupaciones cuando estamos despiertos. Casi toda nuestra actividad se desarrolla principalmente a unos 20 cps. A aproximadamente 60 cps, una persona se encuentra en un estado de histeria agudo. Por encima de los 60 cps ignoro qué es lo que podría ocurrir, pero sospecho que no sería en absoluto placentero.

Cuando nos vamos a dormir, nuestro cerebro desciende automáticamente de la gama de beta a la de alfa y luego, durante breves períodos, pasa a teta y a delta. La mayor parte del sueño transcurre en alfa. La hipnosis se aprovecha de este fenómeno natural: logra que la actividad cerebral descienda a la gama alfa sin que la persona hipnotizada esté dormida. En alfa, la mente subconsciente está abierta a la sugestión.

La mente consciente no acepta fácilmente la sugestión. Es útil para razonar y pensar, y también para poner en acción todo aquello que conoce. Sin embargo, la mente subconsciente es como un esclavo obediente. No piensa ni razona, sólo responde a lo que se le dice. En esto reside el valor y el poder de la hipnosis, ya que por medio de ella es posible hacer llegar la sugestión directamente al subconsciente que las acepta y las convierte en realidad. En parte, la mente subconsciente informa a la mente consciente que existe nueva información y que es preciso actuar de acuerdo con ella. La mente consciente es proclive a actuar de acuerdo con sus contenidos, de manera que asume la nueva información y actúa en consecuencia. Aunque nadie comprende realmente por qué razón la hipnosis es efectiva y la mente subconsciente responde, sabemos que la técnica funciona—y además funciona bien.

Sugestiones

En otros capítulos encontraréis las indicaciones que se emplean en la hipnosis. De momento, solo es preciso saber que es extremadamente importante que sean positivas, constructivas y que proporcionen beneficios. Esto se debe a que la mente subconsciente ignora la diferencia entre una sugerencia positiva y una negativa. La mente subconsciente simplemente acepta lo que se le ofrece y luego actúa en conformidad con ello.

Es necesario ser muy cuidadoso con las palabras utilizadas durante el proceso de sugestión. Un hombre utilizaba cientos de veces al día una palabra de uso vulgar que consta de cuatro letras y cuyo significado es similar a defecar. Finalmente, convenció a su subconsciente de que deseaba defecar, y el resultado fue una diarrea crónica. Las palabras son muy poderosas, y la mente subconsciente las acepta literalmente.

Mitos.-

Existen demasiadas equivocaciones con respecto a la hipnosis, muchas de las cuales han sido difundidas por películas que tratan de personas convertidas en zombis por una persona extremadamente poderosa que exclama: « ¡Mírame a los ojos!» Esto puede resultar interesante, pero es mera ficción y no tiene ninguna relación con la verdad. A continuación expondremos algunos de los mitos más comunes y los explicaremos.

Un hipnotizador tiene poderes mágicos. Esto es absolutamente falso. Un hipnotizador es un ser humano normal y corriente que se ha preparado para utilizar el poder de la sugestión con el fin de provocar determinados resultados deseados por la persona hipnotizada.

Una persona a la que se hipnotiza puede hacer cosas en contra de su voluntad. Completamente falso. En primer lugar, nadie puede ser hipnotizado en contra de su voluntad. Es indispensable que el sujeto desee cooperar. En segundo lugar, ninguna persona a quien se haya hipnotizado puede ser obligada a hacer algo que no haría en estado normal. Durante la hipnosis, el sujeto puede aceptar o rechazar cualquier orden sugerida. Si lo que propone el hipnotizador perturba al sujeto, con toda probabilidad éste rápidamente abandonará el estado hipnótico.

Sólo es posible hipnotizar a las personas de mente débil. En verdad sucede lo contrario. Cuanto más inteligente sea una persona, más sencillo será hipnotizarla. De hecho, en ciertos casos de debilidad mental es absolutamente imposible practicar la hipnosis. Es posible hipnotizar prácticamente a todos aquellos que desean ser hipnotizados. Solamente el 1 por 100 de la población no puede ser hipnotizado debido a deficiencias mentales o a otras razones que escapan a nuestra comprensión.

Una persona hipnotizada está en trance o inconsciente. Absolutamente falso. Un sujeto sometido a la hipnosis está despierto y consciente: extremadamente consciente. Lo que sucede es que simplemente ha centrado su atención donde le ha indicado el hipnotizador y se ha abstraído de todo lo demás.

Cualquiera puede permanecer en estado hipnótico eternamente. Esto es completamente falso. Incluso suponiendo que el hipnotizador muriera después de hipnotizar al sujeto, éste abandonaría el estado hipnótico con facilidad, ya sea cayendo en un sueño breve y luego despertándose normalmente o abriendo los ojos al no escuchar durante un rato la voz del hipnotizador.

Para obtener resultados positivos es preciso un estado de hipnosis profunda. No es verdad. Cualquier nivel de hipnosis puede ofrecer buenos resultados.

Estado hipnótico.-

Cualquier persona sometida a hipnosis está muy consciente de dónde se encuentra y de lo que está ocurriendo. El sujeto escucha todo lo que sucede mientras está inmerso en un estado parecido al sueño diurno, profundamente relajado. A menudo siente el cuerpo entumecido o no tiene consciencia de tener cuerpo.

Autohipnosis.-

Es posible autohipnotizarse. Muchas personas lo hacen diariamente para impartirse órdenes constructivas. Es mucho más sencillo autohipnotizarse si ya se ha pasado por la experiencia de haber sido hipnotizado por otra persona y haber recibido las instrucciones para hacerlo. Por medio de este libro aprenderéis a hipnotizar a otras personas pero con las mismas instrucciones aprenderéis a autohipnotizaros. Si trabajáis con alguien que os hipnotice, aceleraréis el propaso de aprendizaje de la autohipnosis.

LA HIPNOSIS COMO PROFESIÓN

Si estáis interesados en hacer de la hipnosis una profesión o una actividad complementaria, en la siguiente sección encontraréis algunos temas a tener en cuenta además del contenido del resto del libro.

Se debe disponer de:
Un despacho silencioso con un mínimo de tres asientos. Una silla para el hipnotizador, un sofá para el sujeto y otra silla (del tipo que se desee) para una tercera persona ya que los pacientes generalmente llegan acompañados. Si se utiliza una habitación en el domicilio propio, se ahorrará dinero. Si se alquila una oficina, ésta debe ser silenciosa, tener un amplio aparcamiento y un fácil acceso desde cualquier punto de la ciudad.

Un escritorio o mesa para escribir.
Una grabadora y cintas vírgenes.
Papel, carpetas y ficheros.
Las instrucciones impresas para la autohipnosis (véase el capítulo 3).

Las dietas impresas (véase el capítulo 3).

Dos estilográficas con linterna con pilas nuevas. Son necesarias únicamente en el caso de que se desee leer los procedimientos de inducción hipnótica y la iluminación de la habitación no sea suficiente.

Una tarjeta de 15 x 15 centímetros (tamaño aproximado) con un gran punto rojo dibujado en ella (véase el capítulo 3).

Todos los ejercicios de hipnosis mecanografiados y guardados en un sitio de fácil acceso para el caso de que se produzca una laguna en la memoria. Aun después de haber aprendido de memoria todos los ejercicios, solía imprimirlos en unas tarjetas de aproximadamente 10 x 15 centímetros (una tarjeta para cada ejercicio) como medida de seguridad. Si no se desea mecanografiar los ejercicios, es posible comprar otros dos libros y recortar las páginas correspondientes, pegándolas luego en las tarjetas. Serán necesarios dos libros más, ya que muchos de los ejercicios se han impreso en ambas caras de una misma página. El gasto mínimo que supone comprar dos libros más elimina la incomodidad de tener que copiar todos los ejercicios.

Dos formularios impresos que deben ser firmados por el paciente atestiguando que conocen la naturaleza de la hipnosis, que se someten a ella por voluntad propia y que el hipnotizador está libre de cualquier responsabilidad. Debéis consultar con vuestro abogado los términos reales de dicho formulario.

Tarjetas comerciales. Teléfono.

Un/a recepcionista con un despacho independiente o un contestador telefónico con el fin de no interrumpir las sesiones.

Gastos.-

Alquiler (a menos que trabajéis en vuestra propia casa).

Publicidad. La publicidad es cara, pero necesaria en cierto grado. Un anuncio (quizá de un tamaño aproximado de 7,5 x 10 centímetros) en el periódico del domingo será suficiente. Con un contrato a largo plazo, será posible conseguir un precio más bajo. Es ineludibleun pequeño anuncio en las páginas amarillas de la guía de teléfonos. Un 70 por 100 de mis pacientes llegaron a través de este medio; un 20 por 100 de la transmisión boca a boca, y el 10% restante por medio del periódico.

Aceptad cualquier invitación para hablar sobre la hipnosis, incluso reuniones en clubes locales, escuelas secundarias o universidades y también reuniones de amigos, ya que representan una excelente publicidad.

Honorarios.-

Cuando me retiré en el año 1992, mis honorarios eran de 50 dólares por sesión (cada sesión dura entre 30 minutos y una hora). No prolongo la sesión más de una hora porque lo encuentro contraproducente para el paciente. Los honorarios incluyen la consulta previa y la consulta posterior a la hipnosis, una cinta donde he grabado una de las sesiones (normalmente la sesión número 5) y la información para la autohipnosis. Si tengo que desplazarme, cobro una suma modesta en concepto del tiempo de traslado y de la gasolina si el domicilio del paciente dista más de 8 ó 9 kilómetros de donde me encuentro.

En algunas zonas del país (incluso en las grandes áreas metropolitanas) es razonable cobrar entre 50 y 100 dólares por sesión. Para ciudades pequeñas o zonas rurales es más adecuado cobrar entre 20 y 40 dólares. Será preciso que evaluéis vuestra situación para establecer vuestros propios honorarios.

Mi filosofía es que se debe cobrar lo necesario para cubrir gastos y obtener una retribución que se ajuste al tiempo empleado y a la experiencia del hipnotizador.

Debéis tratar de ofrecer el paciente el menor número de sesiones posibles para alcanzar el objetivo deseado. Yo nunca he visto a un paciente más de seis veces, ya que deseo que sea independiente y capaz de resolver sus problemas por sí mismo. A partir de la segunda sesión enseño a los pacientes a practicar la autohipnosis para que dispongan de los recursos necesarios para resolver sus problemas con la misma efectividad que lo haría yo. Os recomiendo la misma estrategia en vuestra práctica. No seáis codiciosos; debéis pensar, en primer lugar, en las necesidades de los pacientes. De este modo trabajaréis correctamente.

Os recomiendo muy especialmente que solicitéis el pago de la sesión por adelantado, ya que una vez concluida no habrá forma de cobrar si el paciente decide no pagar u os entrega un talón en descubierto. También es posible ofrecer un incentivo para esta condición de pago por anticipado, por ejemplo que paguen cinco sesiones en la primera consulta y se beneficien de una sexta sesión gratuita.

CÓMO PRACTICAR LA HIPNOSIS

En primer lugar, debéis memorizar los ejercicios o, en su defecto, tenerlos a mano para poder leerlos fácilmente. Luego es necesario tener en cuenta una serie de situaciones, incluyendo el tono de voz y el ritmo del discurso; la posición del sujeto y la vuestra; el ambiente (incluyendo la iluminación, el ruido y los sonidos de fondo); la grabación de las sesiones; la utilización de un equipo exterior; la observación del paciente y, finalmente, la comprobación de los resultados.

Tono de vez y ritmo del discurso.-
Utilizad vuestro propio tono de voz. Esto puede parecer una afirmación fútil pero no lo es. He observado que muchos hipnotizadores principiantes

alteran deliberadamente su vez durante las sesiones con el propósito de conseguir más resonancia, más profundidad y cierta teatralidad. Esto es una tontería; utilizad vuestra voz normal. Obviamente es una ventaja tener una voz melodiosa y de gran resonancia, pero no es fundamental. Es mucho más importante saber lo que se está haciendo y tener una buena relación con el paciente.

Sin embargo, es necesario practicar el ritmo del discurso, ya que éste debe ser lo suficientemente lento como para ofrecer al sujeto el tiempo necesario para responder a vuestras directivas y lo suficientemente rápido como para retener su atención e interés. Si el ritmo es demasiado lento, la mente del paciente puede desviarse hacia otros pensamientos, y es preciso lograr que preste atención a vuestra voz. La experiencia os ayudará a encontrar el ritmo adecuado.

Una pausa de dos a cinco segundos es un buen promedio. Por ejemplo, relaje sus rodillas (pausa de dos segundos); relaje sus pantorrillas (pausa de dos segundos); imagine una escalera (pausa de tres segundos); está alfombrada. Imagine usted la alfombra (pausa de tres segundos).

En algunos ejercicios de visualización puede ser necesario hacer pausas prolongadas. Por ejemplo: imagine que está de pie en la parte superior de una escalera de caracol (pausa 3 segundos); imagine cómo es la escalera (pausa 3 segundos); está alfombrada (pausa 3 segundos); imagine cómo es la alfombra (pausa 3 segundos).

No utilicéis el reloj para establecer el tiempo para las pausas; hacedlo intuitivamente. Cuando dirijo la hipnosis, yo ejecuto las instrucciones al tiempo que las indico, y de este modo encuentro el ritmo adecuado.

Hablad en un tono de voz algo apagado y monótono. La idea es aburrir la mente consciente del sujeto hasta el punto en que deje de ser activa, permitiendo que la mente subconsciente esté accesible y receptiva a la sugestión. Una excesiva inflexión de la voz o demasiado dramatismo, pueden dar como resultado que la mente consciente del sujeto pierda interés y permanezca activa, impidiendo que la relajación profunda y la sugestión resulten efectivas.

Posición física.-

Se puede practicar la hipnosis de pie o sentado. Los pacientes pueden reclinarse en un sofá que sea cómodo, sentarse en una silla de respaldo recto, tumbarse sobre una cama o en el suelo, sentarse con las piernas cruzadas o permanecer de pie. Todas las posiciones son correctas, pero no necesariamente para todas las situaciones. Por ejemplo, un breve procedimiento de dos minutos destinado a eliminar un dolor es adecuado para una persona que está de pie, pero un procedimiento de treinta minutos cuyo objetivo sea el control de la dieta no puede practicarse con un paciente que permanezca de pie.

Una silla reclinable o de respaldo recto, o una silla sin apoyabrazos, son las más indicadas para dicha situación, ya que ofrecen al sujeto un soporte adecuado y resultan cómodas; además, será difícil que el sujeto se duerma sentado en cualquiera de dichas sillas. Yo prefiero que mis pacientes utilicen una silla reclinable. Sin embargo, cuando practico la autohipnosis opto por una silla de respaldo recto y sin apoyabrazos. Como operador, también me inclino por este tipo de silla.

Tumbarse sobre una cama resulta cómodo para el sujeto, pero tiene la desventaja de que éste puede dormirse durante la sesión, ya que tanto el cuerpo como la mente están condicionados a dormir cuando el individuo adopta esta posición y el cerebro alcanza alfa. Un operador experimentado puede evitar que esto suceda. Obviamente, cuando se trabaja con alguien que está postrado en la cama, se debe trabajar en esta posición.

Tumbarse en el suelo ofrece el mismo inconveniente: el sujeto tenderá a dormirse. Además, el suelo suele resultar incómodo y, por esta razón, no lo recomiendo cuando se utilizan procedimientos de larga duración.

Sentarse con las piernas cruzadas en el suelo también resulta una posición incómoda y no es aconsejable para procedimientos prolongados. Acostumbro utilizar esta posición para meditar (una forma de autohipnosis) y obtengo excelentes resultados. Cierta vez permanecí en meditación profunda durante una hora y media en esta posición sin experimentar ninguna incomodidad física. Dudo que una persona inexperta pudiera permanecer en dicha posición y luego ser capaz de ponerse de pie y, menos aún, de echarse a andar.

En general, mis pacientes utilizan la silla reclinable, y yo me coloco frente a ellos en una silla de respaldo recto. La distancia entre ambos es de unos 60 centímetros a 1,50 metros. Es completamente indiferente que entre nosotros haya una mesa o un escritorio. Yo me coloco lo suficientemente cerca del sujeto como para hablar en un tono de voz normal y que me escuche perfectamente, pero lo suficientemente lejos como para no intimidarlo/a. Para algunos procedimientos que empleo en ocasiones especiales, debo estar de pie junto al sujeto o incluso tener un contacto físico con él/ella. Ésta no es la regla, sino una excepción.

Lo ideal es que la silla del sujeto esté ubicada de forma tal que sus ojos no reciban la luz. Las ventanas (a menos que las cortinas sean muy gruesas) y las luces deben estar por detrás del paciente, ya que de esta forma le resultará más sencillo relajarse y estar cómodo/a.

Dónde practicar la hipnosis.-

Se puede practicar la hipnosis en cualquier lugar, incluyendo habitaciones débilmente iluminadas, exteriores soleados, sitios silenciosos y también lugares ruidosos. Sin embargo, el lugar ideal es una habitación cómoda y silenciosa con una iluminación suave.

Si tienen lugar distracciones inesperadas, deberéis utilizarlas en vuestro propio provecho. Cierta vez acababa de comenzar una sesión de hipnosis cuando un carpintero comenzó a remachar clavos en el despacho contiguo, justamente en la pared que estaba por detrás de la cabeza de mi paciente. Abandoné el ejercicio habitual de inducción hipnótica y comencé a improvisar. Los ruidos exteriores no lo distraen, por el contrario, le ayudarán a alcanzar el estado más saludable de la relajación. Luego, con cada martillazo, decía: Relájese más profundamente (bang); más profundamente (bang); más y más profundamente (bang). Mi paciente entró en una relajación profunda como si hubiera estado en un ascensor que descendiera a gran velocidad. Ni siquiera fue necesario continuar con el resto de los ejercicios, me limité a verbalizar las sugerencias y luego la devolví a su estado consciente. Los resultados fueron excelentes.

Música de fondo.-

Muchos hipnotizadores utilizan regularmente una música relajante o una cinta especial de las olas del mar mientras practican la inducción hipnótica. En algunas ocasiones he trabajado con música y los resultados fueron satisfactorios, sin embargo también lo son cuando no la utilizo. Podéis probar y decidir por vosotros mismos.

Equipo auxiliar.-

Todo lo que se necesita es una grabadora portátil económica. Yo la utilizo para grabar uno de los procedimientos de inducción hipnótica mientras la practico y luego doy la cinta al paciente (véase el capítulo 6). Si decidís utilizar sonidos de fondo, el equipo también os servirá para ese fin.

Algunos hipnotizadores utilizan un dispositivo de descargas eléctricas para condicionar a sus pacientes. Por ejemplo, durante la fase de sugestión el operador puede decir: Imagine que está usted fumando un cigarrillo. Aspire una bocanada de humo. (En ese momento pulsan un botón y el sujeto recibe una descarga eléctrica.) De este modo el sujeto equipara la acción de fumar a una experiencia dolorosa. Estoy absolutamente en contra de este tipo de procedimientos y dispositivos; pueden resultar peligrosos y dañinos y son totalmente innecesarios. Un buen hipnotizador puede alcanzar los mismos resultados sin recurrir a dichos métodos. En una ocasión alquilé un despacho que disponía de uno de estos equipos y me negué a aceptarlo como parte del mobiliario, eludiendo firmar el contrato hasta que lo retiraran. Mi consejo es que EVITÉIS CUALQUIER TIPO DE DISPOS1TIVOS.

Observación del sujeto.-

Los puntos clave a tener en cuenta son los patrones respiratorios y el tono muscular. Cuando el sujeto se sume en una relajación profunda, la respiración es rítmica y ligera. De vez en cuando el sujeto respira profundamente con una exhalación suave.

Observad las manos del paciente. ¿Sujetan los apoyabrazos? ¿Están inquietas? ¿Están crispadas? ¿O descansan sin evidenciar tensión alguna?

La cabeza debe caer hacia delante debido a que los músculos del cuello se relajan. La mandíbula debe estar floja. No debe haber indicios de que los músculos están tensos ni rígidos.

Es posible que los párpados evidencien un ligero latido pero esto no indica que exista tensión, por el contrario es un signo de que el sujeto se encuentra en el estado denominado REM (movimiento ocular rápido). Este estado tiene lugar cuando la actividad del cerebro se desarrolla a unos 10 ciclos por segundo, es decir se encuentra en la gama alfa. Si se observa el REM, el sujeto está hipnotizado, aunque también puede suceder que un sujeto hipnotizado no revele un REM.

En general, debéis buscar signos que os indiquen que el sujeto está relajado para cercioraros de que está sumido en la hipnosis. Los signos de tensión o nerviosismo indican que no ha sido hipnotizado o que sólo está en una primera etapa del estado hipnótico.

No debéis preocuparos si el sujeto no parece relajarse demasiado. Ninguna persona reacciona igual que otra ante la hipnosis. Simplemente debéis continuar con los ejercicios, ya que serán efectivos en la mayoría de los casos.

He tenido pacientes que se relajaban completamente unos pocos minutos después de comenzar la inducción hipnótica. Otros se mostraban inquietos durante la mayor parte de la primera sesión para luego relajarse sólo ligeramente. Unos pocos no llegaron a relajarse hasta la segunda sesión. Solamente en una ocasión no conseguí hipnotizar al sujeto, que después de la tercera sesión, aún estaba tensa y en un estado de gran excitabilidad. Le devolví su dinero y la mandé a un colega (que obtuvo los mismos resultados insatisfactorios).

El mejor indicador de la respuesta de un paciente a la hipnosis es preguntarle cómo se ha sentido una vez haya concluido la sesión. El paciente os comunicará si ha logrado relajarse y lo que ha experimentado. Es obvio que el mejor indicador es el resultado final; por ejemplo, cuando el propósito de la sesión de hipnosis sea abandonar el hábito de fumar y el paciente lo logre.

Comprobación.-

Algunos hipnotizadores realizan pequeñas pruebas durante la inducción hipnótica con el fin de verificar si el procedimiento está resultando efectivo. Por ejemplo, pueden solicitar al sujeto que levante un brazo: «Su brazo es como un tronco, rígido e inmóvil.» Si el paciente responde levantando el brazo, será evidente que aún no está sumido en la hipnosis. Si no lo levanta, la sugestión ha dado como resultado un cierto nivel de hipnosis.

Yo no realizo ninguna verificación. Mi teoría es que dichas comprobaciones crean dudas en la mente del paciente, que puede pensar: « ¿Acaso no está seguro de lo que hace?» « ¿Quizá no soy un sujeto hipnotizable?» « ¿Será efectiva la sesión?» Y, por otro lado, ¿qué es lo que haríais si la prueba falla y el paciente levanta el brazo? Lo único que se puede hacer es continuar con la sugestión, es decir, lo mismo que hubierais hecho de cualquier modo. Debéis tener fe: la inducción hipnótica es efectiva.

CONSULTA ANTERIOR A LA HIPNOSIS

Esta consulta precede a la primera sesión de hipnosis, de la que hablaremos en el próximo capítulo, y no se debería omitir, pues es muy importante. (También se recomienda una especie de consulta previa a la hipnosis para practicar la autohipnosis; véase el capítulo 11.)

El objetivo de esta consulta tiene varias facetas. En principio es el momento en el que se explica al paciente qué es la hipnosis y en el que se responden las preguntas que surjan de esta conversación. Brinda la oportunidad de establecer una relación con el sujeto, ganar su confianza y hacer que realice diversos ejercicios muy simples para que se tranquilice y se sienta cómodo. Existen algunas preguntas clave que es necesario formular al sujeto para decidir si es viable continuar con la hipnosis real.

Si el sujeto no se siente muy inclinado a que lo hipnoticéis (después de haberle explicado detalladamente el programa a seguir), no debéis intentarlo. Lo aconsejable es pedirle que piense en ello durante unos días, y decirle que estáis dispuestos a responder cualquier pregunta.

En el caso contrario, cuando el paciente desea ser hipnotizado, pero vosotros tenéis ciertas reservas, no deberíais hacerlo. Es de vital importancia que entre ambos se establezca una relación de confianza para que el programa sea un éxito. No debéis olvidar que el objetivo de la hipnosis es ayudar a otra persona para que sea capaz de gobernar su forma de conducirse y mejorar en algún sentido la calidad de su vida. Esto es difícil de conseguir si surgen obstáculos (tal como falta de confianza, aprehensión, etc.) entre el operador y el sujeto.

No debéis titubear si creéis que no es necesario hipnotizar al sujeto. Cierta vez acudió a mi consulta una mujer que iba a iniciar una serie de seis sesiones con el propósito de controlar su dieta. En la consulta previa a la hipnosis, mi sexto sentido me indicó que no había armonía entre nosotros. Después de formularle muy amablemente una serie de preguntas, la mujer reconoció que sentía aversión por los hombres en general y que no se fiaba de ellos. Rápidamente agregó: «Sin embargo, no permitiré que este sentimiento interfiera en nuestro tratamiento.» Obviamente, sus buenas intenciones no eran suficientes; ella necesitaba ocuparse de ese odio antes de dedicarse a controlar su dieta, y sólo lo lograría con alguien que le inspirara absoluta confianza. Por lo tanto, decliné aceptarla como paciente y le sugerí que consultara con una colega, con quien fue capaz de solucionar el odio hacia los hombres y su compulsión a comer. Fue entonces cuando me llamó para agradecerme mi ayuda. No tengo ninguna duda de que ella hubiera recurrido directamente a una mujer en caso de conocer alguna. Una vez más, mi consejo es que penséis siempre qué es lo mejor para el paciente, aunque con ello perdáis la oportunidad de ganar dinero o de vivir una experiencia interesante.

IMPORTANTE: Si sospecháis que el paciente adolece de algún problema mental o de salud, no debéis atenderlo. No lo aceptéis como paciente hasta que haya consultado un médico y éste autorice las sesiones de hipnosis. Tampoco debéis aceptar a alguien que sea adicto a las drogas. Esto puede suponer una verdadera pesadilla para vosotros.

Encuadre de la consulta.-

En primer lugar, el sujeto debe rellenar y firmar una hoja que incluya su nombre, dirección, teléfono, objetivo de la consulta, el nombre con el que prefiere ser nombrado y cualquier otro dato que juzguéis oportuno. Acostumbro guardar esta hoja con los datos ofrecidos por el paciente, aunque prefiero tomar mis propias notas basándome en mis impresiones a lo largo de nuestra conversación.

En segundo lugar, se debe preguntar al sujeto el objetivo de la consulta. Tomaros vuestro tiempo para investigar exhaustivamente esta cuestión ya que frecuentemente la razón verbalizada no coincide con el problema real. Si la respuesta es el deseo de controlar la dieta, es preciso descubrir qué otros tratamientos ha realizado anteriormente con este fin. ¿Tiene algún problema de salud? ¿Está bajo asistencia médica? ¿Toma algún medicamento o alguna droga? En caso de que la respuesta sea afirmativa, ¿cuál? ¿Lo hace bajo control médico? No terminéis el cuestionario hasta que os sintáis satisfechos con las respuestas.

En tercer lugar, se debe explicar detalladamente qué es la hipnosis e invitar al sujeto a que formule las preguntas que desee para despejar cualquier tipo de aprehensión. También debéis comunicar al paciente que el programa consta de seis sesiones y cuáles son vuestros honorarios, dejando claro que no existen garantías de éxito, ya que el resultado depende siempre de la respuesta del paciente. Le explicaréis asimismo que bajo el estado hipnótico no se le obligará a realizar ninguna acción que no desee ejecutar y que en todo momento estará consciente de todo lo que suceda y que lo recordará al despertar.

En cuarto lugar, podéis ofrecer una mini demostración de dos ejercicios de entrenamiento previos a la hipnosis para mostrar que se trata de un procedimiento simple. (Estos dos ejercicios se explican detalladamente un poco más adelante en este mismo capítulo.)

En quinto lugar, podéis comenzar con la primera sesión de hipnosis.

Los cinco pasos mencionados representan una mera guía, ya que, en la práctica, desarrollaréis vuestro propio estilo y secuencia. Sin embargo, los tres puntos importantes que hay que alcanzar, independientemente de la estructura de la consulta, son:

1) ofrecer una completa información al sujeto sobre la hipnosis y sobre vosotros mismos como profesionales,
2) obtener una información detallada del sujeto, y
3) establecer una relación amable y armónica.

ÁREAS PROBLEMÁTICAS

Atención médica. Si el sujeto está bajo atención médica, no se debe interferir con ese tratamiento; no debéis jugar a ser médicos, a menos que lo seáis de verdad (pocos médicos conocen o practican la hipnosis), ya que ése no es vuestro papel y puede resultar muy perjudicial para el sujeto. En los casos en que el paciente está bajo tratamiento médico, le pido permiso para hablar con el profesional que lo atiende. Si el sujeto no me autoriza, entonces no acepto trabajar con él. Si, por el contrario, está de acuerdo, puedo realizar mi trabajo con la ayuda de la información obtenida durante la conversación con el médico.

Descubrir el motivo real. Con frecuencia el objetivo que el paciente esgrime para someterse a la hipnosis no es el problema real. A continuación expondré uno de los casos que ilustran este punto con cierto humor: una atractiva mujer de mediana edad acudió a mi consulta para ponerse a dieta. No me pareció que tuviera problemas de exceso de peso, pero, a pesar de todo, le expliqué qué era la hipnosis, dándole a conocer mi programa de control de la dieta. Después de mis explicaciones, aún mostraba cierta aprehensión a ser hipnotizada, de modo que continué formulándole preguntas hasta que admitió que temía que yo pudiera aprovecharme sexualmente de ella mientras estaba hipnotizada. Le comuniqué que estaría consciente en todo momento de lo que sucedería y que yo no podía forzarla a hacer algo que ella no haría estando consciente. Sonriendo me respondió:

"Precisamente ése es el problema"

Hace algunos años dejé de practicar la hipnosis con el fin específico de controlar la dieta, las fobias o el hábito de fumar, y comencé a trabajar con el único objetivo de mejorar la autoimagen y tratar el estrés, pues considero que ambos problemas son la clave para solucionar todos lo demás.

Obviamente, en cualquier caso puedo sugerir al paciente que deje de fumar o que regule su apetito, pero el objetivo primordial se centra en mejorar la autoimagen y/o controlar el estrés. Estimo que cuando la imagen personal está equilibrada, los problemas desaparecen o, al menos, es posible abordarlos de una forma satisfactoria.

Mantener la calma. En ocasiones pueden ocurrir situaciones extrañas y debéis estar preparados para solucionarlas con serenidad y aplomo. El sujeto no debe pensar en ningún momento que no domináis la situación. Nunca debéis mostraros consternados, confundidos ni molestos, ni tampoco reprender al sujeto ni expresar desilusión ante una respuesta. Debéis aceptar todo lo que el sujeto diga y saber cómo tratar la situación.

Nunca, repito nunca, debéis juzgar a vuestros pacientes. Pongamos por caso que en una sesión surge el tema del aborto y sois radicalmente antiabortistas; no intentéis ayudar a la joven soltera que se siente culpable por haber abortado, ya que vuestros propias sentimientos pueden aumentar su culpabilidad en vez de ayudarla.

En cierta ocasión tuve que solucionar una de esas raras situaciones: una mujer de mediana edad llegó a mi consulta en un estado de histeria. Lloraba, chillaba y balbuceaba incoherencias. Por fortuna, disponía de una hora antes de mi próxima cita. Mi esposa, que era mi recepcionista, me ayudó a conducirla hasta uno de los sofás y yo me senté frente a ella sin decir ni una palabra. Dejé que llorara hasta que el cansancio la venciera. A través de las palabras que murmuraba supe que deseaba suicidarse y que estaba pensando en hacerlo cuando se dirigía a mi consulta. Los detalles en los que se apoyaba esta decisión no son relevantes para este ejemplo; su vida era una completa confusión. Agotada por el llanto, finalmente me dijo: «Siento haberlo importunado. Sé que no es posible hipnotizarme ni ayudarme mientras me encuentre en este estado.»

«Hablemos de ello», le respondí. «Sus ojos están rojos, parecen arder.» Ella asintió. «¿Por qué no los cierra y descansa un poco mientras hablamos?» Así lo hizo, y a los pocos minutos estaba sumida en estado hipnótico sin apenas darse cuenta. Mi propósito era inducirla a que se comprometiera consigo misma a vivir dos semanas más para tener la oportunidad de ayudarla. La historia tuvo un final feliz. Después de cuatro sesiones realizadas a lo largo de dos semanas, rechazaba la idea del suicidio y comenzaba a recuperar su deseo de vivir. En las siguientes semanas consiguió reestructurar su vida.

Olvido de las palabras. Si os olvidáis de las palabras que tenéis que decir para hipnotizar al sujeto, no debéis perder la calma, balbucear ni disculparos. Simplemente deteneos un momento para luego continuar con la relajación, diciendo, por ejemplo: «Relájese profundamente, cada vez más profundamente con cada respiración.» Poco tiempo después, recordaréis las palabras olvidadas (de lo contrario podéis buscar las hojas donde previamente las habréis copiado). Mientras tanto, podéis improvisar el texto hablando en un tono suave, lento y seguro.

Enamoramiento. El vínculo entre el operador y el sujeto crece muy rápidamente y, ocasionalmente, el sujeto lo interpreta como algo más intenso y personal.

Debéis estar prevenidos ante la posibilidad de que cualquier paciente se enamore de vosotros. Es ésta una situación que cada uno debe afrontar con sus propios recursos, pero en todos los casos es preciso ser firme sin que el paciente se sienta rechazado como persona. Lo correcto es evitar cualquier encuentro con el paciente fuera de la consulta, aunque se trate de un encuentro fortuito en un bar. Siempre que alguna de mis pacientes se ha entusiasmado con la idea de intimar un poco más conmigo, le he recordado que la recepcionista era mi mujer. De este modo he logrado enfriar la situación. Recomiendo muy especialmente que, si os dedicáis a esta práctica, vuestro marido o vuestra esposa trabajen como recepcionistas en vuestra consulta. Si no os dedicáis profesionalmente a la hipnosis pero lo hacéis por pasatiempo, es conveniente que haya una tercera persona presente. En caso contrario, podéis encontraros en situaciones desagradables.

Dependencia. Otro problema que puede surgir de este vínculo tan estrecho es la dependencia. Como operador, usaréis la hipnosis para ayudar a una persona para que sea más independiente y en general, ése es el resultado que se obtiene. Sin embargo, en ocasiones el sujeto encuentra cómodo recibir apoyo del operador a quien considera «una persona fiable, fuerte y poseedora de grandes conocimientos». Cuando esto suceda, debéis lograr que el sujeto se independice cuanto antes, por su propio bien y por el vuestro.

He aquí una situación que ilustra el problema: La señorita X era una modelo que tenía miedo prácticamente de todo lo imaginable. Había sido la amante de un gángster que había sido asesinado pocos minutos después de que ella abandonara la casa, de modo que también temía por su vida. Durante su infancia y juventud sus padres habían sido muy dominantes, privándola de la posibilidad de tomar decisiones, incluso las más simples; en todo momento le decían lo que tenía que hacer. Su agente también le indicaba lo que debía hacer. Su novio gángster siempre le había señalado lo que tenía que hacer. Nunca había vivido por sí misma.

Fue entonces cuando decidió consultarme, y a través de la hipnosis aprendió a ser libre. Libre para vivir. Libre para tener coraje. Fue una gran experiencia para ella y no quería terminar el tratamiento. Al concluir las seis sesiones me llamaba por teléfono a la consulta durante el día y a mi casa por las noches. Las primeras veces que me llamó me mostré tolerante, más tarde le pedí cortésmente que dejara de hacerlo. Tras dos semanas de vanos intentos, le dije con toda frialdad que ya no volviera a llamarme ya que, si lo hacía, colgaría el teléfono. Ella se echó a llorar, pero al cabo de un tiempo intentó encontrar una vida exitosa por sus propios medios. Ella sabía cómo hacerlo, pero no deseaba quedarse sin un apoyo que le ofrecía seguridad. A veces es preciso adoptar una actitud firme por el bien del sujeto y por el propio. Otra regla: Nunca permitáis que el paciente domine la situación ni os diga lo que debéis hacer.

Respuestas imprevistas. No debéis permitir que una respuesta imprevista os distraiga de vuestro trabajo. En cierta ocasión, estaba hipnotizando a una mujer por primera vez. En un determinado momento le dije: «Sus brazos son como troncos, están entumecidos, rígidos, inmóviles.» De inmediato esbozó una forzada sonrisa de oreja a oreja y comenzó a reírse nerviosamente. Sus ojos permanecían cerrados, pero durante uno o dos minutos se reía entre dientes. Yo sentía curiosidad por lo que estaba pasando pero, sin embargo, ignoré la situación y continué pronunciando monótonamente las palabras para inducirla a una relajación más profunda. Al concluir la sesión, me explicó que cuando yo le había dicho que sus brazos eran como troncos, ella había intentado levantarlos vigorosamente para decir a viva voz: « ¡Como verá, esto no funciona!», pero a pesar de todo había sido incapaz de hacerlo. Le parecía una tontería estar consciente y sentada en la silla sin ningún impedimento para moverse y, no obstante, no lograr levantar los brazos simplemente porque yo le había dicho que no podía moverlos. Esto explicaba su falsa sonrisa inicial y su posterior risa nerviosa.

Ejercicios previos a la hipnosis.-
A continuación expondré dos ejercicios previos a la hipnosis. Debéis utilizarlos durante el periodo de consulta para que el paciente se familiarice con la hipnosis y con el fin de que se sienta cómodo. Las palabras escritas en cursiva indican el texto que se debe decir en voz alta.

Ejercicio 1:
Deseo que cierre usted los ojos para realizar un ejercicio muy breve. Quiero que imagine una pizarra, que la cree. Puede ser negra o verde, o del color que usted desee. Créela. La pizarra tiene una bandeja y en ella hay tizas y un borrador. ¿La ve usted?

(Esperad la respuesta. Cuando el sujeto responda afirmativamente, podéis continuar.)

Muy bien. Ahora coja usted una tiza y dibuje un círculo sobre la pizarra. ¿Lo ha dibujado ya?

(Esperad la respuesta afirmativa, y continuad.)

Bien. Ahora escriba la letra A dentro del círculo. ¿Lo ha hecho ya?

(Esperad la respuesta afirmativa, y continuad.)

Ahora borre usted la letra A del interior del círculo, pero no borre el círculo. Hágamelo usted saber cuando haya terminado.

(Esperad la respuesta).

Muy bien. Ahora borre el círculo y abra los ojos.

En este punto podéis dialogar brevemente con el paciente sobre la experiencia de la pizarra. Aseguradle que, cualquiera sea la experiencia que haya tenido, ha sido positiva. Cada persona responde de una forma diferente. Algunas ven realmente la pizarra. Otras la intuyen. Hay quienes saben intelectualmente que está allí. Todas las respuestas son correctas. En la hipnosis no existen experiencias erróneas; cada persona vive las situaciones de un modo personal y todas las experiencias son válidas. Aclarad al paciente que este tipo de respuestas son frecuentes en la hipnosis.

Ejercicio 2:

Cierre una vez más los ojos para realizar otro ejercicio de entrenamiento. Esta vez quiero que concentre su atención en la punta de su nariz. ¿Lo ha hecho?

Esperad la respuesta afirmativa, y continuad.

Bien. Mantenga su atención en la punta de la nariz y escuche el sonido de mi voz. En algunas de las técnicas de hipnosis que haremos juntos, le pediré que fije su atención en la punta de su nariz con el fin de intensificar su concentración y conseguir que se relaje usted más profundamente. Si en algún momento durante la hipnosis, advierte usted que su mente divaga, todo lo que debe hacer es volver a centrase en la punta de la nariz tal y como lo está haciendo en este momento. Entonces su mente dejará de vacilar y volverá a concentrarse en mi voz. Ahora puede usted abrir los ojos.

Podéis conversar un rato con el paciente sobre este ejercicio y a continuación empezar con la primera sesión de hipnosis tal y como se describe en el capítulo siguiente.

CAPÍTULO 2

Sesión de hipnosis número 1

ESTA SESIÓN es una excelente secuencia de ejercicios para comprobar la respuesta del sujeto al operador (vosotros) y para que se familiarice con los procedimientos de la hipnosis.

La SESIÓN número 1 consiste en 12 ejercicios ordenados de la siguiente manera: A, 1A, B, 1B, 1C, 1D, 1E, 1F, 1G, 1H, 1I, 1J.

Justo antes de comenzar la primera sesión, dad las siguientes instrucciones al sujeto:

En unos pocos minutos voy a pedirle que cierre los ojos y siga mis instrucciones. Poco después de iniciar la sesión, en tres ocasiones le pediré que abra los ojos. Cuando lo haga, no deseo realmente que los abra sino que simule abrirlos estirando los párpados pero sin llegar a abrir los ojos. Luego diré algo así como: «Ahora relaje los ojos» y en ese momento usted dejará de intentar abrirlos y los relajará. Esto es lo que quiero decir.

(Ahora le muestro lo que quiero que haga):

Ahora inténtelo usted

(Espero unos momentos para que el sujeto realice los movimientos indicados con sus párpados tal como le he enseñado).

Eso ha estado muy bien. Y ahora quiero que al final de la sesión, cuando yo diga algo así como: «En unos minutos contaré hasta cinco y usted abrirá los ojos y se despertará», abra usted los ojos de verdad. ¿Comprende usted? En principio haremos tres pruebas muy breves durante las que no deberá usted abrir los ojos, pero sólo los abrirá cuando demos por concluida la sesión.

(Espero que el sujeto me confirme que ha entendido la consigna, en caso contrario, volveré a repetirla hasta que la comprenda perfectamente.)

Ahora, vamos a empezar.

EJERCICIO A

En primer lugar deseo que se ponga usted de pie y se estire completamente para eliminar las tensiones.

(Espero un momento hasta que el sujeto se ponga de pie y se estire.)

Eso ha estado muy bien. Ahora siéntese en la silla y relájese. Cierre los ojos e inspire larga y profundamente, y luego exhale todo el aire vaciando completamente sus pulmones. Hágalo una vez más, pero ahora retenga la respiración cuando sus pulmones se hayan llenado de aire limpio, fresco y relajante. Reténgalo. Mantenga cerrados los ojos. Exhale el aire muy lentamente y sienta cómo se relaja todo su cuerpo.

EJERCICIO 1A

Concentre su atención en las rodillas y relaje la parte inferior de las piernas. Relaje sus pantorrillas. Relaje sus tobillos. Relaje sus pies. Relaje los dedos del pie. Todo lo que está por debajo de sus rodillas se encuentra ahora completamente relajado. Relaje sus maslos y déjelos caer, floja y pesadamente, sobre la silla. Ahora relaje sus caderas y su cintura. Ahora relaje su pecho lo máximo posible. Respire suave y profundamente, cada vez más regular y relajadamente. Relaje sus hombros. Los músculos de los hombros están pesados y cuelgan flojos, cada vez más relajados. Relaje su cuello y garganta. Deje caer su cabeza mientras todos los músculos del cuello se relajan. Relaje completamente su cara. Los músculos de la cara se aflojan y se ablandan, las mandíbulas cuelgan relajadamente, los dientes no están en contacto. Ahora relaje todo lo posible los pequeños músculos que rodean los párpados. Sienta cómo los párpados se tornan cada vez más pesados y suaves, cada vez más relajados.

Dentro de un momento, voy a pedirle que abra los ojos. Cuando lo haga, sus párpados estarán tan relajados y pesados que casi no los podrá abrir; entonces, cuando le pida que los cierre otra vez, usted se relajará aún más completamente. Ahora intente abrir los párpados. Ahora cierre los ojos y relájese cada vez más.

EJERCICIO B

Quiero que imagine que todas sus tensiones, su rigidez, sus miedos y preocupaciones se están vaciando a través de su coronilla. Déjelas caer por su cara, por su cuello, por los hombros, por el pecho, la cintura, las caderas, los muslos, las pantorrillas, los tobillos y los pies para que salgan finalmente por los dedos del pie. Todas las tensiones, miedos y preocupaciones están fluyendo hacia el exterior a través de los dedos de sus pies, y usted se relaja cada vez más.

EJERCICIO 1B

Vamos a repetir este ejercicio de relajación una vez más. En esta ocasión quiero que se relaje completamente, mucho más que la primera vez.

Centre su atención en sus rodillas. Relaje sus pantorrillas. Relaje sus tobillos. Relaje sus pies y relaje los dedos del pie. Ahora relaje sus muslos completamente y déjelos caer, floja y pesadamente, sobre la silla. Relaje sus caderas y su cintura. Ahora sienta cómo su pecho se relaja y se relajan también los órganos del pecho: el corazón y los pulmones, permitiendo que la respiración sea más profunda, más regular y cada vez más relajada. Ahora relaje los hombros cada vez más. Los hombros están pesados y cuelgan flojos, cada vez más relajados. Relaje su cuello y garganta. Relaje completamente su cara y sienta cómo los músculos se aflojan y se ablandan. Ahora relaje lo máximo posible los pequeños músculos que rodean los párpados. Sienta cómo los párpados se tornan cada vez más pesados y suaves, cada vez más relajados.

Dentro de un momento voy a pedirle que abra los ojos, pero cuando lo haga, sus párpados estarán tan relajados y pesados que será casi imposible abrirlos; independientemente de que los párpados se abran o no cuando le pida que cierre los ojos otra vez, usted se relajará aún más plenamente. Abra los párpados. Ahora cierre los ojos y relájese más.

EJERCICIO 1C

Vamos a repetir este ejercicio de relajación una vez más. En esta ocasión quiero que se relaje completamente. No hay nada que temer, podrá escucharme en todo momento, de modo que haga caso omiso de todos sus reparos y relájese completamente.

Concentre su atención en las rodillas una vez más y relaje la parte inferior de las piernas. Relaje sus pantorrillas. Relaje sus tobillos. Relaje sus pies. Relaje los dedos del pie. Ahora relaje totalmente sus muslos. Sienta cómo sus caderas comienzan a relajarse profundamente; luego la cintura, el pecho y los hombros, que están pesados y flojos, completamente relajados. Y ahora esa sensación de relajación profunda llega a través del cuello y de la garganta, hasta la cara. Relaje completamente la cara hasta que la sienta floja, totalmente relajada. Relaje los ojos y los párpados. Sienta cómo los párpados se tornan cada vez más pesados y suaves, cada vez más relajados.

EJERCICIO 1D

Dentro de un momento, cuando le pida que abra los párpados, quiero que piense con toda su fuerza que están pegados unos con otros, que son un mismo trozo de piel. Sí, como si fueran un mismo trozo de piel. No se oponga ni se muestre escéptico ni afirme que sí puede abrirlos. Simplemente piense que los párpados están pegados. Si usted piensa e imagina que no puede abrirlos, realmente no será capaz de hacerlo. Piense ahora con convicción que los párpados están pegados. Imagine que son un mismo trozo de piel. Ahora intente abrir los ojos. Ahora relájelos y relaje completamente todo su cuerpo.

EJERCICIO 1E

Quiero que imagine que está mirando una pizarra sobre la que hay un círculo. Dentro de ese círculo dibujará usted una X Ahora borre la X y luego el círculo. Olvídese de la pizarra y relájese profundamente.

Dentro de un momento voy a iniciar una cuenta atrás desde el número 100. Quiero que cuente conmigo en voz baja. Piense en cada número al mismo tiempo que yo lo digo en voz alta; cuando yo se lo pida, borre el número de su mente y relájese aún más. 100... pronuncie mentalmente el número 100. Ahora bórrelo de su mente y relájese. 99... y bórrelo como el anterior. 98 y bórrelo. 97 y bórrelo completamente hasta que no exista nada más que las olas cada vez más profundas de la relajación.

EJERCICIO 1F

Centre su atención en la punta de la nariz, como lo hemos practicado anteriormente. Mantenga su atención fija en la punta de la nariz hasta que llegue a un punto en que esté usted totalmente pendiente de mi voz. Y cuando llegue a ese punto, olvídese de la nariz, continúe escuchando mi voz y relájese cada vez más profundamente. Mientras usted esté concentrado en la punta de su nariz, lo conduciré a través de cuatro niveles cada vez más profundos de relajación.

EJERCICIO 1G

Denominaré cada uno de estos niveles con las letras del alfabeto, y cuando llegue usted al primer nivel, el nivel A, estará diez veces más relajado que en este momento. Desde el nivel A descenderemos hasta el nivel B, y una vez más se encontrará usted diez veces más relajado que en el nivel A. Del nivel B pasaremos al nivel C, donde se sentirá diez veces más relajado que en el nivel anterior. Y desde el nivel C descenderemos al nivel D, donde experimentará el nivel más profundo de relajación y se sentirá diez veces más relajado que en el nivel anterior. A partir de este momento, con cada exhalación se sentirá dos veces más relajado. Dos veces más con la siguiente respiración. Sus manos y sus dedos están relajados y pesados, cada vez más pesados. Sienta la pesadez en las manos y en los dedos. Pesados... cada vez más pesados, tan pesados que parecen de plomo. Y esta sensación de pesadez y de relajación sube ahora por sus antebrazos y por sus brazos; fluye a través de los hombros hacia el cuello, la cara y los ojos. Sigue fluyendo en dirección a las cejas, la frente y la coronilla. Esa sensación de pesadez y de relajación profunda fluye hacia la parte posterior de la cabeza y del cuello. Está usted aproximándose al nivel A.

EJERCICIO 1H

Está usted en el nivel A y continuará descendiendo hacia los niveles más profundos. Se encontrará a una profundidad cinco veces mayor con cada exhalación. Llegará usted cinco veces más profundamente con cada respiración. Su mente está serena y en paz. No piensa usted en nada. Está demasiado relajado como para pensar. Demasiado cómodo como para pensar. Y este estado profundo de relajación mental fluye hacia su cara y sus ojos. Fluye hacia el cuello y el pecho, la cintura, las caderas, los muslos, las rodillas, las pantorrillas, los tobillos, los pies y los dedos del pie. Se está acercando usted al nivel B.

EJERCICIO 1I

Está usted en el nivel B y continuará descendiendo a una profundidad cada vez mayor. Esta usted flotando suavemente en un estado perfecto de relajación. Sus brazos y piernas están tan relajados y pesados que parecen troncos. Sus brazos y piernas están rígidos, entumecidos y completamente relajados... simplemente inmóviles. Sus brazos y piernas son como tablas de madera. Se acerca usted al nivel C. Ahora se encuentra en el nivel C y sigue descendiendo, hundiéndose en la silla. Se sume usted cada vez más profundamente en la relajación. Entre tanto, comenzaré una cuenta atrás a partir del número 15. Cada número que yo pronuncie lo hará descender un poco más, y cuando llegue al 1, estará usted en el nivel D. 15, más profundo, 14, más profundo, 13... 12... 11... 10... 9... 8... 7... 6... 5... 4... 3... 2... 1, está usted en un nivel tan profundo, tan lánguido, tan pesado, tan nebuloso... Se encuentra usted en el nivel D y aún sigue descendiendo. Ahora no existe límite... no hay límite alguno. Siga usted flotando, descendiendo cada vez más en un estado perfecto de relajación, cada vez más profundo con cada respiración.

En este punto es donde comienza la sugestión. Si he planificado previamente qué esta será la única sesión con el paciente, la sugestión será tan extensa como sea necesario para tratar su problema. Por lo general, esta sesión es la primera de una serie de cuatro a seis sesiones. En este caso, simplemente hago sugerencias generales relacionadas con el bienestar, como por ejemplo:

Ésta es la primera de una serie de sesiones de hipnosis que le permitirán controlar su vida y enriquecerla, encontrando una solución a sus problemas.

Repita mentalmente las siguientes afirmaciones mientras yo las pronuncio: «Cada día me siento mejor en todos los sentidos.»

Los pensamientos positivos me brindan los beneficios y las ventajas que tanto deseo.

Podéis utilizar el mismo tipo de sugerencias o crear las vuestras. Pero deberéis emplear al menos una sugerencia y no más de tres en esta etapa. Luego podéis continuar con el ejercicio 1J.

EJERCICIO 1J

La próxima vez que nos veamos, o siempre que escuche mi voz en la cinta, se relajará usted diez veces más profundamente de lo que se ha relajado hoy aquí. Y mis indicaciones se alojarán en su mente a una profundidad diez veces mayor.

En unos instantes lo despertaré. Cuando se despierte, se sentirá muy relajado y lleno de energía. Se sentirá vital, renovado y activo, pletórico de energía. Se sentirá excepcionalmente bien. Se sentirá relajado y contento el resto del día y toda la noche. Cuando decida irse a la cama, dormirá como un tronco hasta el día siguiente. Por la mañana se despertará sintiendo que es la persona más feliz del mundo.

Ahora voy a contar del 1 al 5. Cuando llegue a 5, usted abrirá los ojos, se despertará completamente y se sentirá muy bien, relajada, renovada, activa y de muy buen humor. ¡Se sentirá de maravilla!

1... 2... despiértese lentamente... 3... cuando diga 5 abrirá los ojos, se despertará completamente y se sentirá muy bien, mucho mejor que antes... 4... 5. (En este momento normalmente chasqueo mis dedos al contar 5 y digo:) Abra los ojos, despierte usted sintiéndose estupendamente bien, mucho mejor que antes.

NOTAS SOBRE LA PRIMERA SESIÓN

Observad los ejercicios 1A, 1B y 1C. A primera vista, parecen iguales; sin embargo, si los estudiamos detenidamente descubriremos que las palabras empleadas son sutilmente diferentes. Dichas diferencias son muy importantes. Comenzamos por decir al sujeto que se relaje y, a través de la sensación de estar relajado, llegamos finalmente a decirle que está relajado.

El ejercicio 1J utiliza las palabras «o siempre que escuche mi voz en la cinta». Si no tenéis planeado grabar ninguna sesión, omitid esta parte. Si consideráis la posibilidad de inducir una relajación a través del teléfono, agregad «o siempre que escuche mi vez a través del teléfono» con el fin de condicionar al sujeto para futuras sesiones.

CAPÍTULO 3

Sesión de hipnosis número 2

EN ESTA SESIÓN entramos de lleno en el tema y alcanzaremos dos objetivos: iniciar las sugerencias y los ejercicios específicos para abordar el problema de la dieta y de los hábitos alimenticios (o el problema que preocupe al paciente) y enseñar al sujeto a practicar la autohipnosis.

La SESION número 2 consta de 16 ejercicios ordenados en la siguiente secuencia: A, B, C, D, E, F, G, H, J, K, L, M, N O, P, Q.

Los ejercicios A y B se encuentran en el capítulo 2.

EJERCICIO C

Concéntrese en los dedos del pie y relájelos completamente. Cada uno de los dedos se siente pesado y flojo. Ahora deje que esa sensación de relajación fluya a través de sus pies, de los tobillos, de las pantorrillas y las rodillas. Sienta cómo fluye hacia los muslos, las caderas y la cintura en dirección al pecho. Su respiración se torna más regular, más profunda y más relajada. Ahora permita que esa sensación de relajación profunda fluya a través de sus hombros en dirección a sus brazos, antebrazos, manos y dedos y que retorne por los antebrazos, brazos y hombros para fluir nuevamente por el cuello, la cara, la barbilla, las mejillas e incluso las orejas. Sienta cómo fluye hacia sus cejas y su frente, subiendo hasta la coronilla y descendiendo luego por la parte posterior de la cabeza y del cuello.

EJERCICIO D

Una nueva sensación de pesadez surge desde los dedos de los pies. Es dos veces más intensa que la primera vez. Imagine que cada uno de los dedos soporta un gran peso. Sienta cómo aumenta la pesadez y los dedos se relajan cada vez más. Y esa sensación de pesadez se traslada a los pies, los tobillos, las pantorrillas, las rodillas, los maslos, las caderas y la cintura. Asciende hacia el pecho, relajando su corazón, sus pulmones y permitiéndole respirar más intensa y regularmente, y usted se relaja cada vez más. Ahora esa fuerte sensación de pesadez fluye hacia los hombros, los brazos y los antebrazos, las manos y los dedos. Luego la sensación retorna a través de los antebrazos, los brazos, los hombros y el cuello en dirección a la cara, los ojos, las cejas y la frente, para llegar a la coronilla y descender después por la parte posterior de la cabeza y del cuello.

EJERCICIO E

Una nueva sensación de pesadez comienza a surgir en la coronilla. Es dos veces más intensa que la anterior. Dos veces más pesada. Imagine un gran peso sobre la coronilla que le permite relajarse suave y profundamente. Sienta cómo la sensación de relajación fluye hacia la cara y los ojos, desciende por el cuello y los hombros hacia el pecho, la cintura, las caderas, los muslos, las rodillas, las pantorrillas, los tobillos, los pies y los dedos del pie. Usted está completamente relajado, se siente cómodo desde la coronilla hasta la punta de los dedos del pie.

EJERCICIO F

Quiero que imagine que está mirando una pizarra. Imagine que hay un círculo dibujado en ella. En ese círculo vamos a colocar las letras del alfabeto en orden inverso, y, después de colocar cada una de las letras, las borrará usted del círculo y se relajará cada vez más profundamente.

Imagine ahora la pizarra. Imagine el círculo. Dentro del mismo coloque la letra Z Ahora borre la Z y relájese más. Coloque la Y en el círculo, bórrela y relájese más profundamente. Ahora la X bórrela y relájese aún más. Ahora dibuje la W y bórrela. Ahora dibuje la V y bórrela. Ahora dibuje la U, y bórrela. Ahora dibuje la T; y bórrela. Ahora dibuje la S, y bórrela. Ahora dibuje la R, y bórrela. Ahora dibuje la Q y bórrela. Ahora dibuje la P, y bórrela. Ahora dibuje la 0, y bórrela. Ahora dibuje la N y bórrela. Ahora dibuje la M, y bórrela. Ahora dibuje la L y bórrela. Ahora dibuje la K, y bórrela. Ahora dibuje la J, y bórrela. Ahora dibuje la I, y bórrela. Ahora dibuje la H, y bórrela. Ahora dibuje la G, y bórrela. Ahora dibuje la F y bórrela. Ahora dibuje la E, y bórrela. Ahora dibuje la D, y bórrela. Ahora dibuje la C, y bórrela. Ahora dibuje la B, y bórrela. Ahora dibuje la A, y bórrela. Ahora borre el círculo y olvídese de la pizarra. Simplemente relájese más y más profundamente. Sienta cómo se hunde en la silla mientras su mente y su cuerpo se sumen en una relajación cada vez más profunda con cada respiración.

EJERCICIO G

Ahora quiero que imagine que está mirando un cielo de verano de color azul claro, y en el cielo hay un avión que escribe su nombre en letras blancas y esponjosas que asemejan una nube. Vea su nombre flotando en ese cielo azul pálido como si fuera una nube. Ahora deje que su nombre se disuelva. Deje que el viento se lo lleve. Olvide su nombre. Olvide incluso que algún día tuvo un nombre. Los nombres no son importantes. Simplemente escuche mi voz y relájese cada vez más.

EJERCICIO H

Ahora quiero que imagine que estoy colocando una pesada bolsa de arena en cada una de sus rodillas.

Sienta la bolsa de arena presionando sus rodillas. Usted siente las rodillas cada vez más pesadas y relajadas. La arena contiene un poderoso componente entumecedor y usted siente cómo las rodillas comienzan a entumecerse. Las siente cada vez más entumecidas bajo el peso de la arena. Y esa sensación se extiende hacia las pantorrillas, los tobillos, los pies y los dedos del pie. La parte inferior de las piernas está totalmente entumecida. Pronto esa sensación comienza a subir hacia los muslos, las caderas, la cintura y el pecho. Fluye hacia sus hombros y usted los siente cada vez más entumecidos y pesados. Fluye a través de los brazos, los antebrazos, las manos y los dedos para retornar una vez más a través de las manos, los antebrazos, los brazos, los hombros y el cuello en dirección hacia la cara, los ojos, las cejas, la frente y, pasando a través de la coronilla, desciende por la parte posterior de la cabeza y del cuello.

EJERCICIO J

Mientras usted se siente flotar suave y dulcemente, relajándose cada vez más con cada respiración, deseo que centre su atención en la punta de su nariz. Manténgase indolentemente concentrada en la punta de su nariz hasta que llegue a un punto en el que sólo escuche el sonido de mi voz, y, cuando llegue ese momento, puede olvidarse de su nariz y simplemente escuchar mi voz relajándose cada vez más. Mientras su atención esté fija en la punta de su nariz quiero que imagine que coloco en su boca, en su lengua, un trozo pequeño de un caramelo de chocolate. Usted no lo traga, simplemente lo mantiene sobre la lengua. Advierta el sabor amargo del chocolate. Es muy amargo y, mientras se derrite en su boca, es cada vez más amargo. Es tan amargo que casi no puede mantenerlo en la boca. El sabor es horrible. A partir de este momento usted ya no volverá a tener ganas de tomar chocolate, caramelos ni alimentos dulces de ningún tipo. Ya no volverá a apetecerle ningún tipo de dulces. Ahora voy a retirar de su boca el caramelo de chocolate. Ahora usted siente su boca limpia y fresca y está contenta de no sentir ya ese sabor amargo.

EJERCICIO K-1 (Sólo para mujeres)
Quiero que se imagine a sí misma. Que se vea a sí misma tal y como desearla ser. Activa y llena de energía, serena y hermosa, y con absoluto control de sí misma. Ésa es usted. Ésa es realmente usted. Ésta es la mujer que le gustaría ser. En este momento usted se hará una promesa. No es una promesa para mí, sino para usted misma... se compromete a convertirse en ese ser real. Este compromiso la acompañará constantemente y será cada vez más firme. A partir de ahora, cada día que pase se acercará usted un poco más a esa mujer encantadora que desea ser. Se sentirá relajada y serena, independientemente de lo que le ocurra, y será capaz de afrontar cualquier situación con absoluta serenidad y sensatez. Y se sentirá tan a gusto consigo misma que dispondrá de toda la energía del mundo cada día de su vida. Y le resultará muy sencillo mantener diariamente una dietaestricta, independientemente de lo que haga o de dónde se encuentre.

EJERCICIO K-2 (Sólo para hombres)
Quiero que se imagine a sí mismo. Que se vea tal y como desearía ser. Confiado y lleno de energía, sano y apuesto y con absoluto control de sí mismo Ese es usted. Ese es realmente usted. Este es el hombre que realmente puede llegar a ser. En este momento usted se hará una promesa. No es una promesa para mí, sino para usted mismo... se compromete a convertirse en ese ser real. Este compromiso lo acompañará constantemente y será cada vez más consistente. A partir de ahora, cada día que pase se acercará usted un poco más a ese hombre apuesto y atractivo que desea ser. Se sentirá relajado y sereno independientemente de lo que le ocurra y será capaz de afrontar cualquier situación con absoluta serenidad y sensatez. Y se sentirá tan a gusto consigo mismo que dispondrá de toda la energía del mundo cada día de su vida. Y le resultará muy sencillo mantener diariamente una dieta estricta, independientemente de lo que haga o de dónde se encuentre.

EJERCICIO L
Por la mañana tomará usted una ración pequeña de proteínas, fruta o zumo de frutas y una tostada sin mantequilla. Al mediodía tomará una

pequeña ración de proteínas y fruta o verdura. Para cenar tomará una ensalada suavemente aliñada, una ración pequeña de proteínas y media taza de vegetales cocidos sin mantequilla ni margarina.

EJERCICIO M

Siempre comerá usted muy lentamente, y después de comer una pequeña ración de los alimentos recomendados se sentirá completamente satisfecha. Eso es todo lo que su cuerpo necesita en este momento. Eso es todo lo que usted desea comer. No le apetecerá tomar ningún tipo de dulce, ni almidones, ni alimentos ricos en grasa. Cuanto más se prolongue su dieta, más fácil le resultará y más rápidamente perderá usted peso. Todos esos kilos que le sobran desaparecerán fácilmente. Cada día estará usted más delgada, más ligera y más guapa y se sentirá mejor. Y también practicará con firmeza el ejercicio de autohipnosis que vamos a realizar juntos a continuación.

(Quizá encontréis más adecuado emplear la palabra «atractiva» en vez de «guapa». Si el paciente es un hombre usaremos la palabra «guapo» o «bien parecido».)

EJERCICIO N

Dentro de un momento voy a pedirle que abra los ojos y mire un punto que voy a sostener delante de sus ojos. A pesar de abrir los ojos no se despertará usted. No se despertará. Se relajará aún más profundamente. Abra los ojos ahora mismo y mire el punto que estoy sosteniendo frente a usted mientras respira profundamente.

(Mientras solicitáis al sujeto que abra los ojos, sostened una tarjeta que tenga un punto rojo grande y brillante delante de los ojos del paciente para que éste dirija su atención hacia él. El tamaño apropiado para la tarjeta es de 15 x 15 centímetros, preferiblemente de cartulina blanca y con un círculo lo más grande posible. El círculo debe estar pintado de rojo brillante. Sostened la tarjeta al nivel de los ojos del sujeto a una distancia aproximada de 1,20 metros.)

Relájese completa y profundamente. Ahora cierre los ojos, inspire y piense 5... 5... 5... y relájese aún más. Una vez más inspire profundamente y piense 4... 4... 4... y espire. Inspire profundamente otra vez, piense 3... 3... 3... y espire. Inspire profundamente, piense 2... 2... 2... y espire. Inspire profundamente por última vez, espire y piense 1... 1... expulse todo el aire que queda en su cuerpo... 1.

Imagine ahora una pesada sensación de relajación por detrás de sus párpados. Siéntala profundamente y advierta cómo esa fuerte sensación fluye en sentido descendente desde los párpados hacia los hombros y pecho, hacia la cintura, las caderas, los muslos, las pantorrillas, los tobillos, los pies y los dedos de los pies.

EJERCICIO O

Dentro de unos instantes, voy a iniciar una cuenta atrás desde el número 10 hasta el 1. Quiero que usted cuente conmigo en voz baja. Piense en cada número mientras yo lo pronuncio, y con cada uno de ellos se relajará usted cada vez más profundamente. 10... 9... 8... 7... 6... 5... 4... 3... 2... 1. Ahora está usted completamente relajada y puede recibir las indicaciones que yo voy a pronunciar y que usted repetirá conmigo: En todo momento me sentiré serena y relajada. No me apetecerá comer nada hasta la hora de la cena

(Debéis reemplazar «la hora de la cena» por lo que sea indicado en cada caso. Puede ser «la hora de la comida» o «hasta mañana», o lo que sea.)

Ahora imagine el punto que ha observado al comienzo del ejercicio. Imagine que el punto flota junto con las indicaciones que hemos pronunciado hacia la parte posterior de su cabeza y en dirección a su espalda. Una vez que el punto y las sugerencias se encuentren en la parte posterior de su espalda, bórrelo y olvídese de él, olvídese también de las indicaciones, déjelas que desaparezcan. Relájese.

EJERCICIO P

A partir de este momento y hasta nuestra próxima cita, practicará usted este ejercicio de autohipnosis metódica y firmemente al menos tres veces al día, incluso aunque piense que no lo necesita. El ejercicio le permite sentirse muy a gusto, y cada vez que lo practique se sentirá completamente relajada. Se relajará tan profundamente como lo ha hecho aquí. Tal como lo está en este momento, y las auto sugerencias calarán muy hondo en su mente. Al practicar el ejercicio de autohipnosis, tendrá usted un perfecto dominio sobre su apetito. Podrá disolver cualquier sensación de hambre, será capaz de solucionar cualquier tensión y cualquier apetencia por alimentos o bebidas nocivas. Cada día perderá peso, estará cada vez más atractivo/a y se sentirá mejor.

EJERCICIO Q

En nuestra próxima entrevista, o en cualquier ocasión que escuche usted mi voz en la cinta, se relajará usted mucho más de lo que se ha relajado hoy Mis sugerencias calarán cada vez más hondo en su mente.

En unos instantes, cuando se despierte, se sentirá muy relajada y se encontrará plena de energía, renovada, vital y segura de si misma. Se sentirá estupendamente bien. Todo lo que necesita para despertar es contar conmigo del 1 al 5, y, al llegar a 5, abrirá sus ojos, se sentirá relajada, renovada, vital y de muy buen ánimo. Se sentirá realmente bien. 1... 2... 3... 4... 5.

Una vez despierto el sujeto, debéis preguntarle cómo se siente. Podéis responder a cualquier pregunta que desee formular.

Debéis entregarle dos folios impresos con ciertos datos necesarios para que el paciente controle su dieta y para que practique el ejercicio de autohipnosis. Uno de los folios contiene la dieta recomendada, el otro el ejercicio de autohipnosis.82

Ejemplo de la dieta.-

Desayuno

Ración pequeña de proteínas (entre 60 y 90 g.). Ración pequeña de fruta (unos 150 g.). Una tostada sin mantequilla.

Comida

Ración pequeña de proteínas (entre 90 y 110 g.). Ración pequeña de fruta o verdura.

Cena

Ración pequeña de proteínas (entre 110 y 150 g.). Ración pequeña de ensalada con un aliño suave.

1/2 taza de vegetales cocidos sin mantequilla ni margarina.

Bebidas dietéticas, exceptuando refrescos a menos que sean sin cafeína.

Café descafeinado.

No tomar salsas.

Calorías diarias aproximadas: 800 a 1.000.

Esta dieta es un ejemplo que no se debe tomar literalmente para aplicar en cualquier caso. No toda persona puede llevar una dieta de sólo 1.000 calorías diarias. No juguéis a ser médico ni nutricionista, a menos que lo seáis de verdad. Trabajad con el paciente para encontrar una dieta adecuada y saludable. Si el paciente sufre algún tipo de problema de salud, debéis solicitarle que consulte con un médico para seguir la dieta apropiada. Aunque hayáis impreso la dieta, debéis estar preparados para incluir cualquier modificación con el fin de adecuarla a cada uno de vuestros pacientes.

En muchas ocasiones sólo es preciso ocuparse de un único problema alimenticio (por ejemplo, tomar demasiados dulces, comer dos o tres raciones de alimentos cuando una sería suficiente, beber demasiada cerveza). En estos casos no será necesario indicar una dieta completa, sino centrarse en eliminar la apetencia por el chocolate, la cerveza o lo que sea pertinente en cada caso. El ejemplo que ofrecemos al final del capítulo ilustra cómo abordar este tipo de problema.

Instrucciones para la autohipnosis.-

¡Estírese! Y ahora siéntese en una posición cómoda. Concéntrese en un punto y, mientras lo hace, diga mentalmente el número 5 tres veces mientras exhala. Luego cierre los ojos.

Inspire profundamente y, mientras exhala, diga mentalmente el número 4 tres veces. Mientras lo pronuncia, intente verlo.

Inspire una vez más profundamente y repita el procedimiento con los números 3, 2 y 1, consecutivamente.

Ahora imagine que emana de sus ojos una intensa sensación de relajación y que fluye por todo su cuerpo como si fuera una ráfaga de aire tibio y suave que llega hasta sus pies.

Después inicie una cuenta atrás de 10 a 1.

Una vez que llegue al número 1, diga lo siguiente:

Siempre me sentiré serena y relajada.

No me apetecerá tomar ningún alimento hasta la cena.

Luego imagine el mismo punto que observó inicialmente. Imagine que el punto se desplaza hacia la parte posterior de su cabeza llevando consigo sus palabras. Luego olvídese de ellas, de modo que su mente interior las absorba.

Ahora cuente de 1 a 5 y cuando despierte experimentará el efecto de sus palabras.

RESUMEN DE LA SESIÓN POSTERIOR A LA HIPNOSIS

El paciente debe disponer de suficiente tiempo para leer la dieta recomendada y la hoja de instrucciones para la práctica de la autohipnosis, y vosotros debéis contestar a todas sus preguntas.

Es preciso que estéis bien informados sobre el tema de las dietas. Es aconsejable tener un libro sobre nutrición para consultarlo cuando sea necesario. Muchas personas ignoran qué es un alimento proteico, de modo que debéis prepararos para ofrecer explicaciones y ejemplos.

Leed en voz alta junto con el paciente las instrucciones para la autohipnosis, explicando cada uno de los pasos a seguir. Informad al paciente que se le han dado estas instrucciones cuando se encontraba sometido a la hipnosis y que asimismo se ha practicado una sugestión pos hipnótica para que dichas instrucciones fueran efectivas durante la autohipnosis del mismo modo que lo han sido durante la hipnosis.

Lo más importante es que el paciente comprenda que debe practicar la autohipnosis diariamente por dos razones:

En primer lugar, está usted entrenando su mente para que siga un curso diferente al del pasado. La mente prefiere hacer lo que ha hecho siempre, es decir, seguir por el mismo camino. Por lo tanto, es necesario realizar un nuevo entrenamiento que requiere dedicación. La mente no se convencerá de que usted quiere realmente modificarse si no practica la autohipnosis con dedicación. La mente cree que usted quiere realmente comer en exceso y estar grueso porque eso es lo que ha estado sucediendo durante años.

Ahora, usted desea invertir esa programación que lo perjudica, y para hacerlo debe informar al subconsciente cada día lo que realmente desea en la actualidad con el fin de que su deseo se convierta en realidad... hábitos alimenticios más moderados, pérdida del exceso de peso... sentirse mejor... tener una figura más atractiva. Por fortuna, la autohipnosis no tarda años en llevar a cabo esta nueva programación. La hipnosis funciona rápidamente, en ocasiones instantáneamente, aunque lo más probable es que el proceso tarde algunos días o unas pocas semanas en dar sus resultados. Cuando de trata de problemas pertinaces el tratamiento puede prolongarse varios meses. Pero es preciso ser constante hasta lograr que la nueva programación sea efectiva.

En segundo lugar, la sugestión hipnótica no es permanente. Si así fuera, bastada con tener una sola sesión de hipnosis y comunicar al paciente una serie de instrucciones por cada problema para solucionarlo, pero no es así. El periodo en que una sugestión hipnótica es efectiva varía enormemente según sea la respuesta del individuo a la hipnosis. He conocido algunas personas cuya respuesta no sobrepasaba unas pocas horas al día a menos que se reforzara el efecto mediante otra sesión de hipnosis. Hay quienes responden a la sugestión hipnótica durante una o dos semanas; algunos pocos, incluso más de dos semanas. Por este motivo el sujeto debe reforzar la sugestión con sesiones diarias de autohipnosis hasta alcanzar los resultados deseados.

EJEMPLO DE UN CASO DE CONTROL DE LA DIETA

Una mujer con exceso de peso me pidió ayuda para controlar su dieta. Su problema era una compulsión a comer palomitas de maíz. Las compraba en paquetes de 45 kilos y comía palomitas con mantequilla a todas horas, y para saciar su sed bebía grandes cantidades de gaseosa. Obviamente, que la mantequilla, la sal y las gaseosas eran más perjudiciales para ella que las palomitas de maíz, aunque éstas representaban el vehículo para ingerir los otros productos. De modo que lo oportuno era lograr que las palomitas de maíz no fueran de su agrado.

Antes de hipnotizarla, intenté descubrir qué alimentos no le gustaban, pero parecía gustarle todo.

«¿No existe nada que le resulte repulsivo?», le pregunté al borde de la desesperación.

«Bueno, sí», me respondió. «Las plumas húmedas de los pollos me ponen enferma. No puedo soportar su olor. Mi padre me obligaba a matar y pelar pollos en contra de mi voluntad.»

Por fin había encontrado algo... plumas de pollo húmedas. Cuando practicamos el ejercicio J y llegamos al momento en que ella debe colocar algo en su boca, le dije: «Hay un gran cuenco lleno de palomitas de maíz frente a usted, pero han estado en contacto con plumas de pollo húmedas. Las palomitas huelen como las plumas. Ahora coja un puñado de palomitas y colóquelas en su boca.»

Inmediatamente comenzó a tener arcadas y a sentir náuseas. Pensé que estaba a punto de vomitar.

Cuando se marchó de la consulta y llegó a su casa se preparó unas palomitas. Fue entonces cuando vomitó. Cada día intentaba comer palomitas, pero el mero hecho de prepararlas le provocaba náuseas. Cuando volvió a la consulta para la tercera sesión, ya ni siquiera intentaba preparar las palomitas de maíz... había abandonado el hábito y estaba perdiendo peso. Al dejar de comer palomitas, abandonó también la gaseosa, la mantequilla y la sal.

Cuando nos acercábamos a la sesión número 6 ya había perdido casi 9 kilos y se sentía muy bien. Le indiqué que agregara más fruta y verdura a su dieta. Había dejado de ser una adicta a las palomitas de maíz.

La lección que debemos aprender de este ejemplo es que es preciso descubrir algún sabor u olor que resulte repulsivo para el paciente. Dichos sabores u olores se emplearán más tarde para eliminar un hábito perjudicial. Lo más frecuente es que el problema sean los dulces, como el chocolate o los pasteles. Si el sujeto toma 51ibras (2 kilos) de chocolate al día y aborrece el sabor del hígado, se le debe indicar que se visualice a sí mismo sacando de la nevera un trozo de chocolate que ha estado muy próximo a un trozo de 2 kilos de hígado fresco. El sabor y el olor del hígado han impregnado el chocolate... podéis haceros una idea.

CAPÍTULO 4

Sesión de hipnosis número 3

EL OBJETIVO DE ESTA SESIÓN es reforzar la hipnosis y las indicaciones impartidas en las sesiones anteriores, lograr que el sujeto alcance un nivel más profundo de hipnosis con el fin de que la sugestión alcance otro nivel mental y, como resultado, reforzar la acción de la autohipnosis.

Antes de comenzar con la inducción hipnótica, es aconsejable dialogar con el paciente para que nos cuente cómo ha sido su experiencia con la autohipnosis desde la última vez que ha estado en la consulta. ¿La ha practicado diariamente? Si no lo ha hecho, ¿cuál ha sido el motivo? ¿Ha seguido la dieta concienzudamente? En caso contrario, ¿por qué razón? ¿Ha practicado satisfactoriamente la autohipnosis o ha tenido alguna dificultad?

En el caso de que el sujeto no haya conseguido buenos resultados con la autohipnosis, repetid juntos una vez más el procedimiento. Demostradle cómo hacerlo, pronunciando vuestros pensamientos en voz alta para que aprenda el procedimiento.

Si no consigue relajarse o le resulta difícil concentrase, debéis asegurarle que con la práctica estos obstáculos desaparecerán. Debéis hacerle saber que muchas personas tienen las mismas dificultades y que no debe preocuparse por ello.

Una queja muy corriente es: «Cuando intento practicar la autohipnosis no puedo recordar lo que debo hacer.» Comunicadle que puede consultar las copias impresas del procedimiento que le habéis entregado y que con el paso del tiempo logrará memorizar los pasos indicados. Lo primero que debe hacer es aprender el procedimiento e intentar sentirse cómodo sin preocuparse por los resultados, ya que éstos serán satisfactorios una vez que logre aprender las instrucciones y las practique metódicamente.

Aseguraos de comunicar al paciente que puede modificar cualquier parte de la sugestión para adecuarla a sus propios fines. Puede utilizar una sola instrucción o varias. Sin embargo, es aconsejable recomendarle que se ocupe de un asunto o problema por vez. Por ejemplo, no debería intentar abandonar el tabaco al mismo tiempo que trata de controlar su dieta. Los problemas se deben abordar de forma individual. El ejercicio de autohipnosis le será útil durante toda su vida, de modo que debéis estimular al paciente para que se acostumbre a practicarlo cada día.

En este punto del programa es posible que el sujeto no esté practicando la autohipnosis de forma regular. Esto se debe a que la mente obstinada se opone al cambio; la mente prefiere continuar por el mismo camino antes de aventurarse por uno nuevo. El sujeto se excusará por no practicar la autohipnosis, racionalizando diversos pretextos.

Normalmente existen dos razones principales para no practicar la autohipnosis cada día. La primera es: «No encuentro ningún punto en el que fijar mi atención para comenzar la autohipnosis.» No debéis reprender ni sermonear al sujeto por argüir algo tan ridículo. Recordad que su mente se opone al cambio y que el paciente está intentando comprender y desarrollar una nueva cualidad y un nuevo estilo de vida.

Explicad con serenidad al paciente que el punto puede ser cualquier cosa que se encuentra en su línea de visión, incluso el pomo de una puerta, una flor estampada en la tela de una cortina, una mancha en la pared, el punto de unión entre las paredes y el techo, un enchufe de luz, un botón de tapicería del sofá, la llama de una vela o una bombilla eléctrica. Es imposible estar en un lugar donde no exista un punto en la línea de visión sobre el cual fijar la mirada.

La segunda razón frecuentemente esgrimida para no practicar la autohipnosis es: «No dispongo de tiempo. Nunca estoy solo. Trabajo en una oficina de ocho de la mañana a cinco de la tarde con un montón de gente alrededor. Luego me marcho a casa y debo atender a mi familia, que me demanda cosas constantemente. No tengo ni un minuto para mí misma.» Ésta es una situación muy común. A veces resulta difícil encontrar cinco minutos tres veces al día para practicar la autohipnosis.

Mi respuesta ante esta situación es aproximadamente la siguiente:

« ¿Va usted al cuarto de baño durante el día?»

«Por supuesto que sí.»

«Pues bien, cada vez que vaya al cuarto de baño y se siente en la taza, emplee este tiempo para practicar los ejercicios de autohipnosis.»

La respuesta más frecuente es: «No se me hubiera ocurrido que se pudieran realizar los ejercicios sentada en la taza.»

«Por supuesto que es posible. También lo puede hacer en la bañera mientras toma un baño. No hay ninguna restricción.»

Y de este modo sigo explicando que la autohipnosis se puede practicar en cualquier situación y momento. De hecho, una vez que se entrene es posible practicarla con los ojos abiertos y rodeado de personas y de situaciones que puedan invitar a la distracción. Cuando se alcanza este punto, llegará realmente a dominar una herramienta muy potente que podrá usar de forma inmediata para cualquier propósito.

(Es posible que tengáis la impresión de que el potencial desarrollado para el uso de este alterado estado de conciencia abarca mucho más de lo que se indica en este libro: y estáis en lo cierto. Este libro es simplemente el comienzo. La mente, los pensamientos, disponen de un potencial real que trasciende en gran medida el control de la dieta. De momento, ocuparos de dominar los temas tratados en este libro. Una vez que lo hayáis conseguido, automáticamente se abrirá ante vosotros una nueva etapa de desarrollo y sabréis exactamente lo que tenéis que hacer.)

En ocasiones os toparéis con algún paciente que no se muestre inclinado a realizar ningún intento por practicar la autohipnosis o por seguir una dieta. Existen un sinfín de razones que respaldan su actitud. Independientemente de lo que digáis o hagáis, su respuesta será: «Sí, pero...» Cuando encuentro un paciente tan reacio a colaborar, suelo decirle: «Muy bien, si usted desea pagarme por mis servicios y no colaborar, debe usted saber que no obtendrá ningún beneficio y habrá perdido tiempo y dinero. No me interesa obtener dinero de un paciente que no tiene la intención de comprometerse con el tratamiento. Por lo tanto, si usted decide persistir en su actitud, con toda probabilidad le pediré que demos fin a nuestras entrevistas y usted ahorrará dinero. Piénselo, es su decisión. Ahora vamos a continuar con la sesión de hoy.» Sólo me he sentido obligado a decir este tipo de cosas un par de veces en todos los años que llevo ejerciendo mi profesión. En ambas ocasiones los pacientes dejaron de jugar y comenzaron a cooperar. Los dos tratamientos arrojaron resultados muy satisfactorios.

La SESIÓN número 3 consiste en 14 ejercicios ordenados en esta secuencia: A, B, C, D, E, F, I, G, H, R, L, S, T, Q.

Los ejercicios A y B se describen en el capítulo 2. Los ejercicios C, D, E, F, G, H, L y Q se encuentran en el capítulo 3. Nótese que la secuencia es ligeramente diferente que la de la segunda sesión.

EJERCICIO I

Mientras inspira, imagine que está respirando una anestesia pura, limpia e inodora. Esta anestesia fluye por todo su cuerpo y usted experimenta una tibia sensación de hormigueo y entumecimiento. Cada vez siente más deseos de respirar profundamente para aumentar esta sensación de paz, relajación y tranquilidad. A partir de ahora, y hasta el final de la sesión, cada vez que respire se relajará más profundamente.

EJERCICIO R-1 (Sólo Para mujeres)

Mientras continúa usted flotando suave y dulcemente cada vez más relajada, centre su atención en la punta de su nariz y manténgala allí hasta que llegue un punto en el que toda su atención se dirija únicamente al sonido de mi voz En este punto olvídese de la punta de su nariz y limítese a seguir escuchando mi voz relajándose cada vez más profundamente. Quiero que se imagine a sí misma tal y como desearía ser, guapa y delgada, activa y llena de energía, elegantemente vestida con una ropa que favorece su hermosa silueta. Ésa es usted Ésta es la hermosa mujer en la que usted se está convirtiendo. Cada día que pase a partir de hoy usted se parecerá cada vez más a la mujer que realmente le gustaría ser. Se sentirá relajada y serena, independientemente de lo que ocurra a su alrededor, y será capaz de afrontar cualquier situación con absoluta serenidad y sensatez. Y se sentirá tan a gusto consigo misma que dispondrá de toda su energía para utilizarla cada día de su vida. Y le resultará muy sencillo mantener una dieta estricta independientemente de lo que haga o de donde se encuentre.

EJERCICIO R-2 (Sólo para hombres)

Mientras continúa usted flotando suave y dulcemente cada vez más relajado con cada respiración, centre su atención en la punta de su nariz y manténgala allí hasta que llegue un punto en el que toda su atención se dirija únicamente al sonido de mi voz. Cuando llegue a ese punto, olvídese de la punta de la nariz y concéntrese únicamente en el sonido de mi voz, mientras se relaja cada vez más. Mientras esté pendiente de la punta de su nariz, quiero que por un minuto se imagine a si mismo tal y como desearía ser, sano y delgado, guapo y viril, lleno de energía y vitalidad, seguro de sí mismo y con una ropa elegante que realza su cuerpo delgado y bien proporcionado. Ése es usted. Éste es el hombre apuesto y viril que usted puede llegar a ser. A partir de ahora usted conservará la calma y la serenidad, independientemente de lo que le ocurra, y será capaz de afrontar cualquier situación con absoluta tranquilidad y sensatez. Y se sentirá tan a gusto consigo mismo que dispondrá de toda su energía cada día de su vida. Y le resultará muy sencillo mantener diariamente una dieta estricta, independientemente de lo que haga o de dónde se encuentre.

EJERCICIO S

Comerá usted siempre muy lentamente, y después de comer una pequeña ración de los alimentos recomendados se sentirá completamente satisfecha. Eso es todo lo que su cuerpo necesita en este momento, y esto es todo lo que le apetece. No tendrá ningún deseo de comer entre las comidas, ni de tomar ningún tipo de dulces, ni almidones, ni de alimentos ricos en grasa. Cuanto más se prolongue su dieta, más fácil le resultará atenerse a ella y más rápidamente perderá usted peso, ya que está usted comenzando a acostumbrarse a comer correctamente en relación con lo que su cuerpo necesita. Y en tanto su cuerpo responda a este nuevo hábito, a medida que su estómago se contraiga un poquito cada día, se sentirá usted mucho más cómoda tomando menos alimentos, y todos esos kilos que le sobran desaparecerán más rápidamente y con mayor facilidad. Cada día estará usted más delgada y más guapa, y se sentirá estupendamente bien.

(Quizá consideréis que es más adecuado emplear la palabra «atractiva» en vez de «guapa». Si el paciente es un hombre usaremos la palabra «guapo» o «apuesto».)

EJERCICIO T

Continuará usted practicando constantemente el ejercicio de autohipnosis todos los días y con la mayor asiduidad posible, y cada vez que lo realice se relajará completamente. Se relajará usted tan profundamente como lo está en este momento, y cualesquiera sean las sugerencias e indicaciones, éstas calarán más hondo en cada ocasión. Con la práctica diaria de este ejercicio, mantendrá usted un perfecto control sobre su apetito. Será capaz de disolver la sensación de hambre y cualquier tipo de tensión, cualquier impulso de comer o beber algo que no le beneficie, cualquier miedo, ansiedad o dolor innecesario. Ahora tiene usted el control sobre sí misma y logrará que su mente realice cualquier cosa que desee. Usted tendrá éxito en todo lo que emprenda y disfrutará de esta situación. Disfrutará también de su atractiva apariencia y se sentirá mejor cada día.

CAPÍTULO 5

Sesión de hipnosis número 4

L A SESIÓN número 4 es probablemente la más valiosa e influyente de las seis sesiones que se explican en este libro. En esta sesión os ocuparéis del mecanismo que permite al sujeto mejorar enormemente su autoimagen y afrontar y resolver sus problemas. Mediante dicho mecanismo es posible crear una habitación personal y privada a la que el paciente puede acudir cuando necesita resolver sus problemas.

Del mismo modo que habéis hecho en las sesiones previas, debéis comenzar ésta dialogando con el paciente para descubrir si está progresando con la autohipnosis y con el control de su dieta. Ofreceréis ayuda al sujeto para resolver cualquier obstáculo que impida su progreso, y luego comenzaréis la sesión de inducción hipnótica.

La SESIÓN número 4 consiste en 14 ejercicios ordenados en la siguiente secuencia: A, B, C, D, E, F, I, G, U, V, W, X, Y, Q.

Los ejercicios A y B se describen en el capítulo 2. Los ejercicios C, D, E, F, G y Q se explican en el capítulo 3. El ejercicio I se encuentra en el capítulo 4.

EJERCICIO U

Este ejercicio es uno de los que más influencia tiene sobre los pacientes y es una de las herramientas más útiles para la hipnosis y la autohipnosis. Ayuda a crear un sitio personal—una habitación o un templo privados— donde tiene lugar una nueva programación científica. El uso que se hace de este ejercicio para la autohipnosis se explica en el capítulo 11.

Deseo que imagine que está usted de pie en el escalón superior de una sólida escalera de madera. Sienta la moqueta debajo de sus pies. Puede ser del color y del tipo que usted quiera... imagínela. Ahora extienda el brazo y toque el pasamano. Sienta la madera lustrada en contacto con su mano. Está usted a una distancia de diez escalones del suelo. Las escaleras descienden hacia el suelo formando un arco. Dentro de un momento bajaremos por la escalera. Al descender cada uno de los escalones, usted se relajará cada vez más profundamente. En el momento que pise el suelo se habrá relajado profundamente; nunca había conseguido relajarse tanto. Baje ahora suave y fácilmente hasta el noveno escalón. Sienta cómo se relaja cada vez más. A continuación baje al octavo escalón mientras se relaja un poco más. Ahora baje al séptimo, al sexto, al quinto, al cuarto, al tercero, al segundo, al primero. Ahora se encuentra usted en el piso inferior. Hay una puerta muy cerca de usted, estire la mano y ábrala. Desde la habitación contigua llega un haz de luz Camine hacia la habitación, diríjase hacia la luz a través de la puerta. Ahora se encuentra usted dentro de la habitación, mire a su alrededor. Ésta es su habitación y puede ser de la forma que usted desee. Puede ser de cualquier tamaño y de cualquier color. En ella puede guardar todo lo que desee. Puede agregar o quitar cosas, ordenarlas según su propio gusto. Puede amueblarla como más le apetezca, decorarla con cualquier objeto, colocar las ventanas o los cuadros que sean de su agrado, o hacer lo que realmente quiera porque este lugar le pertenece... es su lugar interior privado y en ella será usted libre. Libre para crear, libre para ser usted misma. Libre para hacer su voluntad, y la luz que brilla en esta habitación es su luz. Sienta la luz a su alrededor, brillando sobre todas las cosas hermosas que hay en su habitación, resplandeciendo sobre usted, sienta la energía de la luz. Deje que la luz fluya a través de todo su cuerpo, penetrando a través de cada uno de los poros de su piel, llenándola completamente y apartando toda duda, eliminando todos los miedos y las tensiones. Está usted llena de luz, diáfana y radiante, resplandeciendo con la brillante luz que impera en su habitación.

EJERCICIO V-1 (Sólo para mujeres)

Mientras se encuentra de pie en medio de la luz de la habitación, quiero que construya una imagen de sí misma tal y como desearía ser. No como a otros le gustaría que usted fuera, sino como usted misma realmente desea ser. Vea su propia imagen frente a usted en medio de la luz Se ve delgada, guapa, serena y libre, vestida con ropa elegante que realza su atractiva figura. Ésa es usted Ésa es realmente usted. Es la mujer que está empezando a ser. Diríjase hacia su imagen. Acérquese a ella. Ahora introdúzcase en la imagen para fundirse con ella. Es la mejor parte de usted misma, una parte viviente de su ser que será cada día más fuerte.

EJERCICIO V-2 (Sólo para hombres)

Mientras se encuentra de pie en medio de la luz de la habitación, quiero que construya una imagen de sí mismo tal y como desea llegar a ser. No como a otros le gustaría que usted fuera, sino como usted mismo realmente desea ser. Vea su propia imagen frente a usted en medio de la luz. Se ve usted delgado, sano, apuesto, sereno y libre y vestido con ropa elegante que luce usted muy bien debido a su cuerpo bien proporcionado. Ése es usted. Ése es realmente usted Es el hombre que está empezando a ser. Diríjase hacia su imagen. Acérquese a ella. Ahora introdúzcase en la imagen para fundirse con ella. Es la mejor parte de usted mismo, una parte viviente de su ser que será cada día más fuerte.

EJERCICIO W

A partir de este momento cada día se sentirá usted más parecida a la mujer en la que desea convertirse. Se sentirá serena y relajada en toda ocasión, y será capaz de conservar la calma y abordar los problemas relajadamente. Se sentirá muy bien y dispondrá de todas sus energías cada día de su vida. Y le resultará muy sencillo mantener la dieta diariamente, independientemente de dónde se encuentre.

EJERCICIO X

Comerá usted lentamente en toda ocasión, y cuando haya tomado una pequeña ración de los alimentos recomendados se sentirá completamente satisfecha. Eso es todo lo que su cuerpo necesita en este momento, y eso es todo lo que le apetecerá comer. No tomará ningún alimento entre las comidas ni después de cenar. No deseará tomar ningún tipo de dulces, ni almidones, ni alimentos ricos en grasa. Todo eso pertenece al pasado y ya no lo necesita porque ahora se está entrenando para acostumbrarse a comer correctamente y su cuerpo se está adaptando un poco más cada día. Su estómago se está contrayendo poco a poco, y consecuentemente, usted se sentirá más cómoda comiendo cada vez menos. Cada día adelgazará un poco más y el proceso será cada vez más rápido y más fácil. Diariamente perderá peso, se encontrará cada vez más atractiva y se sentirá estupendamente bien.

(Quizá os parezca más adecuado emplear la palabra «atractiva» en vez de «guapa». Si el paciente es un hombre, usaremos la palabra «guapo» o «apuesto».)

EJERCICIO Y

Continuará usted practicando constantemente el ejercicio de autohipnosis con la mayor asiduidad posible todos los días, y cada vez que lo realice se relajará en profundidad y muy, muy rápidamente. En unos pocos minutos se relajará usted tan profundamente como lo está en este momento, incluso más aún. Y cualesquiera sean las sugerencias e indicaciones, éstas serán más fuertes y calarán más hondo en cada ocasión, porque usted tiene ahora el control de la situación y será capaz de llevar a cabo cualquier cosa que desee. Podrá materializar todo aquello que usted indique a su mente que desea conseguir, tendrá éxito en todo lo que emprenda y disfrutará de esta situación. Disfrutará también de su atractiva apariencia y se sentirá mejor cada día.

CAPÍTULO 6

Sesión de hipnosis números 5 y 6

SESIÓN NÚMERO 5

E L OBJETIVO de la quinta sesión es reforzar las sesiones previas; todos los ejercicios se han mencionado en los capítulos anteriores. La sesión número 5 es prácticamente idéntica a la cuarta sesión, aunque ésta última presentaba un ejercicio adicional (V) que sólo se realiza una vez con un determinado paciente.

Ésta es la sesión que acostumbro grabar en una cinta porque es excepcionalmente intensa y efectiva. Luego entrego la cinta al paciente para que la conserve.

Durante el diálogo inicial con el paciente, debéis recordarle que la habitación que imaginó en la sesión número 4 (y que se reforzará en esta sesión) es una herramienta especialmente importante. Podrá volver a ella a través de la autohipnosis para alcanzar algún objetivo siempre que lo desee. En dicha habitación puede crear su propia realidad con el fin de enriquecer su vida. Allí se encontrará en contacto directo con su mente superior y obtendrá mejores resultados.

La SESIÓN número 5 consiste en 13 ejercicios, ordenados en la siguiente secuencia: A, B, C, D, E, F, I, G, U, W, X, Y, Q.

Los ejercicios A y B se describen en el capítulo 2; los ejercicios C, D, E, F, G y Q se encuentran en el capítulo 3; el ejercicio I aparece en el capítulo 4; los ejercicios U, W, X e Y se citan en el capítulo 5.

SESIÓN NÚMERO 6

La sexta sesión es también una sesión de reforzamiento. Doce de los ejercicios que incluye han sido descritos en los capítulos anteriores. El nuevo ejercicio, Z, al que denomino el Viaje a la Montaña, es de vital importancia, pues permite al sujeto expandir su creatividad y comenzar a explorar su propia mente superior y el vasto recurso de la inteligencia superior que está a su disposición. He presenciado algunas hermosas e intensas experiencias al practicar este ejercicio.

La SESIÓN número 6 consiste en 13 ejercicios, ordenados según la siguiente secuencia: A, B, C, D, E, F, I, G, Z, W, X, Y, Q.

Los ejercicios A y B se encuentran en el capítulo 2; los ejercicios C, D, E, F, G y Q se explican en el capítulo 3; el ejercicio I aparece en el capítulo 4; los ejercicios W, X e Y se citan en el capítulo 5.

EJERCICIO Z: UNA EXCURSIÓN A LA MONTAÑA

Se encuentra usted tumbada en un prado de hierba verde y suave tomando el sol. Observe las flores alrededor de su cabeza. La suave brisa acaricia su cuerpo. Observe la hierba y las flores a 30 centímetros por encima de su cabeza. Advierta cómo la brisa mece la hierba con suavidad. Sienta el aroma de las flores.

Ahora póngase de pie y mire en dirección al norte. Al final del prado se levanta una majestuosa montaña. Vamos a hacer una excursión a la montaña. A su derecha hay un pequeño río; inclínese para tocar el agua fresca. Beba un poco de esa agua cristalina, pura y refrescante. Escuche el murmullo de los saltos de agua de esta garganta.

El río parece bajar de la montaña, de modo que vamos a remontar su curso. Ahora llegamos a un estanque que está en el nacimiento del río. Aquí el agua es cálida. Como en este nivel mental somos todos expertos nadadores, vamos a nadar un rato. Sienta la tibieza del sol. Sienta la calidez del agua mientras nada tranquilamente.

Ahora es el momento de continuar nuestro ascenso a la montaña.

Mientras lo hacemos, escuche el gorjeo de los pájaros. Sienta el olor a pino. Mire las rocas que hay en la orilla izquierda. Durante un rato, podemos ver el valle, y a la derecha, nuestro prado entre los árboles. Estamos a medio camino de la cima de la montaña. Vamos a detenernos un rato a descansar en esas rocas que están a la derecha. Desde aquí podemos ver el prado en toda su extensión. Ha llegado el momento de continuar andando. Escuche las ardillas parloteando en los árboles.

La brisa nos trae el olor de los cedros a medida que nos acercamos a la cima. Por fin hemos llegado y podemos ver un profundo cañón del otro lado de la montaña. En lo alto de la montaña encontramos una señal que dice: «Pregunte lo que desee al cañón que está bajo sus pies, y encontrará la respuesta escrita en el cielo.» De manera que formule ahora mismo su pregunta y busque la respuesta en el cielo. Ahora puede usted preguntar alguna otra cosa. Vea la respuesta escrita allí arriba en el cielo.

Es tiempo de regresar a nuestro prado. Observe cómo el sol comienza a descender entre las colinas allí a la izquierda. Debemos darnos prisa antes de que oscurezca. Ahora estamos a mitad de camino y nos detenemos a descansar en nuestra roca una vez más. Desde aquí contemplamos el atardecer y seguimos nuestro camino hacia el prado. Escuche los sonidos de los pequeños animales nocturnos. Al pasar junto al estanque, vemos el reflejo de la puesta de sol en el espejo de su superficie. Sentimos la frescura de nuestro pequeño río cuando pasamos junto a él. Hemos llegado nuevamente a nuestro prado. Túmbese otra vez en la alta hierba. Sienta una vez más el aroma de las flores. Advierta que la hierba y las flores vuelven a su tamaño original en tanto nuestro prado y nuestra montaña desaparecen de nuestra vista.

PARTE II

CAPÍTULO 7
Regresión y autorregresión

Regresión
LA REGRESIÓN es un viaje a una época anterior a través del tiempo: puede ser a una etapa pasada de nuestra vida actual o a una vida anterior. La hipnosis es una excelente herramienta para realizar este viaje hacia el pasado.

No se debería intentar hacer regresar a nadie a una época pasada hasta que no se haya llegado a ser un hipnotizador experimentado. La causa es que si la practica un operador falto de la experiencia necesaria para hacerlo, la regresión puede ser una experiencia traumática y desagradable para el paciente. Por ejemplo, supongamos que se hace regresar a una persona a una vida pasada justo en el momento en que va a ser decapitada. Eso podría significar un momento terrible para el paciente porque se trata de una experiencia real. El ejercicio de regresión mencionado más adelante enseña a prevenir y/o abordar dichos acontecimientos de la vida pasada del sujeto.

Para cierto tipo de situaciones, generalmente para el tratamiento de diversas enfermedades mentales o desórdenes emocionales, puede ser necesario o deseable que el sujeto experimente dolor, tormento, miedo o cualquier otra emoción intensa. Pero esto pertenece estrictamente al dominio de la psiquiatría, de la psicología o de la medicina. Si no practicáis ninguna de estas tres profesiones, debéis evitar emplear la regresión de esta manera.

En este capítulo os explicaremos una forma segura de practicar la regresión.

Yo solamente trabajo la regresión con aquellas personas que han sido previamente hipnotizadas por mí o por alguna otra persona. Prefiero que el paciente que va a ser sometido a una regresión esté familiarizado con la hipnosis. (Éste es mi modus operandi personal; pero no quiere decir que sea necesario hacerlo como yo lo practico. Como probablemente ya habéis adivinado, soy un hipnotizador que prefiere los procedimientos seguros, y no deseo correr riesgos con mis pacientes. Os recomiendo que trabajéis de la misma manera. En ocasiones he tenido que corregir problemas creados por hipnotizadores ineptos, y me subleva que algunos operadores sean tan descuidados y tan poco sensibles. Ésta es una de las razones por las que he escrito este libro: para enseñar cómo la hipnosis puede, y debe, hacerse de una manera segura, respetuosa y profesional.)

EJEMPLOS DE CASOS DE REGRESIÓN

¿Para qué se utiliza la regresión?. A continuación expondré dos ejemplos de cómo he utilizado personalmente la regresión.

Caso 1

Un hombre de treinta y cinco años acudió a mi consulta debido a un dolor de espalda crónico que sufría desde hacía muchos años y que nunca lo abandonaba. Afortunadamente, este hombre tenía una elevada tolerancia innata al dolor, aunque le producía una gran incomodidad e irritabilidad. Nunca había sufrido ninguna enfermedad ni había tenido ningún accidente. Había consultado con muchos médicos, y todos habían coincidido en que no existía ninguna causa física para su dolor. Incluso le habían sugerido que posiblemente se tratara de su imaginación, pero el dolor era real.

Hice que este sujeto regresara al día en que el dolor había surgido por primera vez. Tenía dieciséis años y se estaba entrenando para jugar con el equipo de baloncesto del instituto. De pronto sintió un dolor tan intenso que no pudo presentarse a la prueba. Sus días de atleta habían finalizado.

La investigación bajo la regresión hipnótica reveló que había sido una estrella del baloncesto en un pequeño colegio del medio oeste. Era un héroe local y todos lo conocían. Todas las chicas hacían lo imposible por atraer su atención. Luego la familia tuvo que trasladarse a Chicago debido al trabajo de su padre. Allí asistió a un instituto en el que abundaban los atletas de primera calidad; la competencia era feroz. Su clase contaba con más alumnos de los que había en el colegio al que había asistido. Su antigua popularidad como astro del baloncesto no tenía ninguna importancia en el nuevo colegio.

Cuando comenzaron las pruebas, tenía miedo de fracasar debido a la enorme competencia que existía. El miedo se agravaba por el hecho de que se había jactado mucho de ser una estrella del baloncesto y había alardeado de sus éxitos anteriores.

¿Adivinan lo que sucedió?. Repentinamente surgió un intenso dolor de espalda que no le permitió presentarse a las pruebas. Tenía un motivo que era fácil de comprender y que todo el mundo encontraría justificado. Un motivo que le impedía formar parte del equipo. Ahora podría ser un espectador que destacaba por su conocimiento del deporte del juego y, desde la platea, ser más listo que los entrenadores y los jugadores, además de presumir de sus pasadas hazañas deportivas.

Sometido aún a la hipnosis, lo induje a que comprendiera la naturaleza de su problema. Luego le comuniqué que su dolor de espalda pertenecía a otra época y que ya no era necesario que lo sintiera en su vida actual. Le expliqué que su dolor se había bloqueado en 1964 y que él no conseguía abandonar esa etapa. Posteriormente lo devolví lentamente al tiempo presente. Al abrir los ojos no sentía dolor alguno por primera vez desde que tenía memoria. Aún hoy sigue sin sentir ningún dolor. El tiempo total que duró su regresión fue de aproximadamente una hora.

Obviamente, es posible que este sujeto genere otro tipo de dolor (o síntoma) si le toca enfrentarse con una situación que él crea que no puede afrontar. No obstante, dudo de que lo haga, ya que ha aprendido las trampas que las personas pueden tenderse a sí mismas. También dediqué bastante tiempo a aconsejarle cómo afrontar y resolver problemas.

Caso 2

Una muchacha de dieciséis años vino a mi consulta porque deseaba ponerse a dieta. Comía compulsivamente pero su verdadero problema era que tenía una imagen muy mala de sí misma. Trabajamos con el programa de seis sesiones que he descrito en la Parte I. Nos veíamos una vez por semana, y mi objetivo principal era mejorar la imagen que tenía de sí misma. Resultaba muy fácil hipnotizarla, y al cabo de cinco sesiones había perdido una aceptable cantidad de kilos y había dejado de comer por compulsión pero, lo que es más importante, había modificado su autoimagen. Estaba satisfecha consigo misma y se estimaba.

Consideré que no era necesario que asistiera a la sexta sesión y comencé a llenar un talón para reintegrarle el importe correspondiente (su madre había pagado por adelantado las seis sesiones). Sin embargo, ella insistió en venir a la sesión número 6 porque estaba interesada en hacer un trabajo de regresión, y yo acepté.

La hice atravesar por un ciclo de muerte y un ciclo de nacimiento. Le indiqué que retornara a una experiencia de una vida pasada —en el caso de que hubiera existido alguna— que tuviera una relación importante y directa con su vida actual. Revivió ciertos episodios en diversas épocas de su vida, incluyendo la muerte de su esposo a quien había amado con devoción. En todas sus experiencias amaba y era amada. Había experimentado el trabajo duro y había aprendido cuán importante era y la satisfacción que brindaba. Había pasado por la experiencia de vivir con alguien que la necesitaba y que dependía de ella y había realizado un trabajo competente.

La regresión resultó ser una hermosa experiencia para ella, y le brindó dos premios inesperados. En primer lugar, despertó de la regresión con un mayor sentimiento de autovaloración y un gran amor por la vida. En segundo lugar, y he aquí una verdadera sorpresa, reconoció a su marido muerto en la persona del chico del que actualmente estaba enamorada. Aunque no eran parecidos físicamente y tenían diferente nombre y nacionalidad, la aguda consciencia que se despertó bajo la hipnosis le reveló este conocimiento.

EL EJERCICIO DE REGRESIÓN
Preparación

En primer lugar, utilizad una serie de técnicas de relajación y visualización para llegar a la hipnosis tal como se describe en la Parte I. Podéis elegir los ejercicios y la secuencia que estiméis más adecuados según vuestra propia experiencia. Una posibilidad es utilizar los ejercicios A, B, C, D, E, F, I, G, H.

Al concluir el ejercicio H, iniciad el ejercicio de regresión que se explica en la próxima sección. Dicho ejercicio es un enfoque general; debéis improvisar vuestro propio texto para adecuarlo a vuestras necesidades. Para conducir a una persona a una etapa anterior de su vida actual, se deben emplear palabras diferentes de las que se utilizan para dirigir al sujeto hacia una vida anterior. Cuando formuléis preguntas al sujeto una vez hipnotizado y dialoguéis con él, deberías preguntar o verbalizar todo aquello que sea oportuno. En gran medida, las preguntas o instrucciones dependerán de las respuestas que recibiréis del paciente.

El ejercicio

Voy a iniciar una cuenta atrás del 10 al 1. Cada número que pronuncie lo sumirá en una relajación cada vez más profunda. Cuando llegue al 1, estará usted en una playa de arena blanca frente a un maravilloso océano azul. 10... 9... 8... 7... 6... 5... 4... 3... 2... 1. Ahora se encuentra usted en una playa de arena blanca frente a un bello océano azul Es el océano de la vida, y se extiende sinfín frente a usted, hacia la derecha y hacia la izquierda. Está usted de pie sobre las arenas del tiempo, que se extienden infinitamente hacia su derecha y su izquierda. Ahora gire su cabeza y mire a su izquierda. Las arenas del tiempo se extienden hacia el futuro. Observe un banco de niebla en la playa que le impide mirar lo que hay tras él. Ahora gire su cabeza y mire a su derecha. Las arenas del tiempo se extienden hacia el pasado. Observe un banco de niebla en la playa que le impide mirar lo que hay más allá de él.

En unos instantes vamos a caminar hacia la derecha en dirección al banco de niebla que está ocultando el pasado. En todo momento usted escuchará mi voz y seguirá mis instrucciones. Cuando le haga alguna pregunta, me responderá en voz alta.

Ahora deseo que se dirija hacia la derecha y que atraviese las arenas del tiempo hacia el pasado. Introdúzcase en el banco de niebla. La niebla lo rodea completamente. Es fresca, agradable y revitalizante. Puede detenerse. Quédese quieto en medio de la niebla. Dentro de unos instantes contaré de 10 a 1, y con cada número que pronuncie lo conduciré cada vez más atrás en el tiempo mientras la niebla comienza a desaparecer. Cuando llegue a 1, la niebla se habrá disuelto totalmente y se encontrará usted en un episodio previo de su vida, si hubiera alguno, que tenga una relación directa e importante con su vida actual. Cualquiera sea la experiencia que reviva, la verá como si de una película se tratara. Estará completamente consciente de los detalles, de sus pensamientos y emociones, de quién es usted, de dónde se encuentra y de lo que está haciendo. Se dará usted perfecta cuenta, como si fuera una película, de si goza o sufre, si siente pena o si está enamorado; estará consciente de cualquier emoción o sensación que experimente, pero no la sentirá físicamente. Será capaz de observarlo y describirlo. Cada vez que yo diga «RELÁJESE», inmediatamente desaparecerá lo que esté usted experimentando y respirará profundamente, se relajará y sentirá paz mientras escucha el sonido de mi voz y responde a mis instrucciones.

Ahora voy a contar de 10 a 1, y usted regresará en el tiempo progresivamente a medida que yo pronuncie cada número. Al llegar a 1, la niebla habrá desaparecido y se encontrará usted en un episodio de su vida anterior.

10... 9... 8... 7... 6... 5... 4... 3... 2... 1. Ahora se encuentra usted en ese episodio del pasado, Mire a su alrededor. ¿ Qué es lo que ve ?

(Esperad la respuesta.)

¿Quién es usted?

(Esperad la respuesta.)

NOTA: En este punto debéis improvisar el diálogo. Si el sujeto ha regresado a un episodio desagradable de su vida que le causa ansiedad, decid simplemente «RELÁJESE». La experiencia desaparecerá y podréis conducirlo a otra experiencia diciendo:

Voy a contar hasta 3 y a chasquear mis dedos. En ese momento se encontrará usted

(Utilizad las palabras indicadas como, por ejemplo, «en un episodio de su vida pasada», «un año más tarde» o «el día anterior».)

1...2...3.

(Chasquead los dedos.)

Ahora está usted...

(Utilizad vuestras propias palabras para expresar lo que esté indicado en cada caso.)

Cuando estéis preparados para devolver al sujeto al presente y despertarlo, debéis decir lo siguiente:

Relájese más profundamente. En unos instantes voy a contar del 1 al 10, y cuando llegue al 10 usted volverá a

(Decid la hora y fecha actual, día, mes y año; por ejemplo, 5 de la tarde, 4 de julio de 1997.)

y tendrá usted consciencia de estar cómodamente sentado en una silla con los ojos cerrados. 1... 2... 3... 4...5...ó...7...8...9...10 Hoy es

(Repetid la fecha y la hora.)

y está usted cómodamente sentado en una silla con los ojos aún cerrados. Voy a contar del 1 al 5 y chasquearé mis dedos. Entonces abrirá usted los ojos, estará completamente despierto y se sentirá estupendamente bien. Recordará todo lo que ha revivido. 1... 2... regresa usted lentamente... 3... cuando cuente 5 abrirá los ojos, se despertará y se sentirá muy a gusto... 4... 5.

(Chasquead los dedos.)

¡Abra los ojos, despierte y, al hacerlo, experimentará un gran bienestar!

Análisis

Dialogad con el paciente sobre la sesión de regresión que acabáis de realizar ya que esta conversación posterior a la experiencia representa una importante herramienta de aprendizaje para ambos.

Las palabras empleadas durante el procedimiento de regresión son esenciales. No debéis utilizar atajos. Fijaos en la simbología y en la visualización que utilizo al comienzo: las arenas del tiempo, el océano de la vida, el banco de niebla. Debo destacar que digo vamos a caminar por la playa y no digo usted va a; esto se debe a que quiero que el paciente sepa que no está viajando solo; él tendrá consciencia de mi presencia dondequiera que vaya, y yo estaré siempre a mano para ayudarlo y para conversar con él.

Observad que le indico que siempre escuchará mi voz y será capaz de seguir mis instrucciones y conversar conmigo. Eso le dará seguridad.

Observad también que abordo la situación de forma tal que el paciente no sentirá ningún trauma; él contemplará la situación como si se tratara de una película. Introduzco la palabra clave «relájese» como dispositivo para abandonar un episodio determinado. Se trata de una herramienta de seguridad y también de transición.

Para profundizar el viaje, cuento hacia atrás. Para volver al momento actual cuento en sentido ascendente. Advertid también que siempre comunico al sujeto lo que voy a hacer: «En unos instantes contaré... y usted se despertará.» Luego digo: «Ahora voy a contar... y usted ya está consciente...» Es una modificación sutil, pero esencial.

Después informo al sujeto que, al despertar, recordará todo lo sucedido. Estrictamente hablando, esto no es necesario porque el sujeto siempre recuerda lo sucedido cuando despierta de la hipnosis, a menos que el operador le haya indicado lo contrario. Estimo que la ventaja principal de la regresión es recordar lo sucedido, y por este motivo incluyo esta frase para reforzar el mecanismo. No es necesario incluirlo en el procedimiento.

La regresión requiere que el operador sea muy experimentado. Es preciso meditar el objetivo de la regresión antes de realizarla y tener clara la dirección general de las preguntas que se formularán al paciente. También es necesario estar preparado para improvisar sobre la marcha según el rumbo que tomen los acontecimientos.

No debéis poner palabras en boca del sujeto ni sugerirle lo que debe esperar revivir. Durante el procedimiento no digo que se dirigirá a una experiencia vivida, sino «... a una experiencia o un episodio del pasado, si existiera alguno...» En estado hipnótico, el paciente siempre intentará complacer al operador. Si decís a un hombre: «Diríjase usted a un episodio anterior de su vida en el que era usted una mujer», él creará dicha situación aunque realmente nunca haya existido. Cuando lo haga, será consciente de que la está inventando, pero no le importa puesto que eso es lo que le habéis pedido.

Debéis elegir vuestras propias palabras muy cuidadosamente para que la sesión de regresión sea válida. No impongáis vuestras propias ideas ni conceptos.

Una advertencia final para los viajes a través del tiempo: en mi procedimiento, comunico al paciente que el futuro está a la izquierda, y así es. ¿Es posible progresar en el tiempo del mismo modo que se regresa al pasado?. Efectivamente. No obstante, no me ocuparé de este tema en este libro. No deberíais intentar conducir a un paciente al futuro a menos que tengáis una importante experiencia en otras fases de la hipnosis. Sin embargo, existe la técnica para hacerlo.

Existen muchas otras técnicas de regresión que son muy efectivas. El ejercicio descrito en este libro es el método que yo utilizo; podéis utilizarlo y también podéis crear un método propio o practicar cualquier otro ejercicio que conozcáis al hablar con otros hipnotizadores.

PARTE III

Aplicaciones prácticas e información complementaria

CAPÍTULO 8
Otros tipos de hipnosis

HIPNOSIS PARA NIÑOS
LAS TECNICAS y los ejercicios de los que nos ocupamos en este libro son para adultos, específicamente a partir de los catorce años. Los niños no necesitan procedimientos tan prolongados ya que su actividad cerebral se encuentra predominantemente en alfa. Es mucho más sencillo y más rápido inducirlos al estado hipnótico; cuanto más pequeños sean, más rápidamente responderán y más breve deberá ser el procedimiento. Además, debido a que no pueden centrar su atención durante mucho tiempo, no prestarán atención a un texto tan extenso y aburrido. Para hipnotizar a los niños generalmente emplea el contacto físico.

La mente de los niños es muy poderosa porque no encubren sus opiniones con falsas tonterías como hacemos los adultos. No han desarrollado aún inhibiciones ni obstáculos artificiales que bloqueen sus pensamientos y su comportamiento como nos sucede a los adultos. Como resultado, los niños responden fácil, rápida y muy efectivamente a la sugestión hipnótica. Lleva mucho más tiempo condicionar a los adultos— con el fin de que puedan sortear sus inhibiciones—y acceder al niño que llevan dentro de sí. Los niños suelen pensar: «Yo puedo.» La mayoría de los adultos tienden a pensar: «Yo no puedo.». Ya lo escribió Virgilio, el poeta, hace más de 2.000 años: «Ellos pueden hacerlo porque se creen capaces de realizarlo.»

Historia de un caso
María (no es su nombre real), que entonces tenía once años, sentía un persistente dolor de su oído izquierdo desde hacía un tiempo debido a una grave infección. El médico le había recetado un medicamento para que la infección remitiera, pero el efecto estaba resultando muy lento y los analgésicos no calmaban el dolor.

Mi esposa y yo estábamos de visita en su casa y pregunté a sus padres si me autorizaban a hipnotizarla para aliviar el dolor. Ellos estuvieron de acuerdo.

Pedí a María que se sentara frente a mí de modo que yo pudiera ver su oreja izquierda.

« ¿Cuál es tu problema?», le pregunté.

Entre sollozos, respondió: «Me duele el oído.»

« ¿Quieres tú que te duela?»

«No.»

« ¿Te gustaría que el dolor desapareciera?»

Respondió afirmativamente con su cabeza.

«Cierra los ojos, María. Voy a ponerte la mano sobre la oreja pero sin tocarla».

« ¿Sientes el calor de mi mano?» (La palma de mi mano derecha estaba sobre su oreja izquierda pero sin establecer contacto.)

«Muy bien. Ahora quiero que imagines que tienes un ojo interior que puede llegar a todas las partes del interior de tu cuerpo. ¿Puedes hacerlo?»

«Sí.»

«Magnífico. Ahora mira con ese ojo dentro de tu oreja izquierda en el sitio exacto donde sientes el calor de mi mano. ¿Puedes ver el interior de tu oreja?»

«Sí.»

«Muy bien. Ahora imagina una energía muy intensa que sale de mi mano en dirección a tu oreja. Esta energía te ayudará. Ahora quiero que ilumines el interior de tu oreja con tu propia energía. Ilumina la oreja con esa energía. Ésa es tu energía curativa que hará desaparecer el dolor y curará el oído. ¿Lo has conseguido?»

«Sí.» Comenzó a sonreír.

«María, voy a contar hasta 3 y chasquearé mis dedos. Cuando lo haga, abrirás los ojos y ya no te dolerá el oído, no volverá a dolerte más. 1... 2... 3. Abre los ojos y te sentirás muy bien.»

Abrió sus ojos y sonrió. «Muchas gracias», me dijo. El dolor se había desvanecido y ella salió a jugar.

Este procedimiento duró unos dos minutos. Lo único que hice fue dirigir la increíble habilidad creativa de la niña para que solucionara la situación. Por otro lado, la infección remitió rápidamente para desaparecer en veinticuatro horas.

Debéis grabar en vuestra mente los diferentes puntos relacionados con la técnica en este caso en particular. Primero, pregunté a la niña qué era lo que pasaba, puesto que, aunque yo sabía cuál era la situación, deseaba que ella definiera el problema para que centrara su atención en él. Segundo, le pedí que me dijera si ella deseaba que el problema existiera. Una vez más, yo conocía la respuesta, pero al responder negativamente, se comprometió a solucionarlo. Tercero, le pregunté si quería que la ayudara. Su respuesta afirmativa reforzó su compromiso y la hizo confiar en mí y en lo que yo iba a hacer. En este punto, ya habíamos resuelto la mitad del problema. A partir de entonces, utilicé y guié sus propias energías creativas para solucionar lo que quedaba de él.

Ejercicio número 1 para niños

Este ejercicio es especialmente efectivo para niños con edades comprendidas entre cinco y ocho años. La actividad cerebral a esta edad se desarrolla casi exclusivamente en alfa, de modo que se necesita muy poco tiempo para que la hipnosis y la sugestión arrojen resultados positivos. El procedimiento de inducción hipnótica es prácticamente físico en su totalidad en vez de verbal. Las indicaciones son breves y concretas. Generalmente, este procedimiento no se prolonga más de dos minutos y se lo puede emplear para cualquier tipo de problemas como, por ejemplo, que el niño deje de mojar la cama por las noches o eliminar el miedo a la oscuridad.

También utilizo este breve ejercicio para adultos a quienes ya he hipnotizado y para aquellos cuya capacidad de concentración es limitada debido a alguna enfermedad. Los ejercicios breves también son aconsejables para eliminar un dolor o una crisis de ansiedad en una situación de emergencia.

Se le debe solicitar al niño que se ponga de pie junto a una pared con los pies juntos y los talones contra la pared. Luego se debe colocar una silla a una distancia aproximada de 60 ó 70 centímetros frente al niño y el operador se sentará frente a él. Luego se le darán las siguientes instrucciones:

Tommy, cuando te lo pida, quiero que comiences a inclinarte. Pronto perderás el equilibrio y te caerás hacia delante, pero yo voy a sujetarte.

En este momento, extended vuestros brazos y mantenedlos en esta posición para mostrarle al niño que vais a sujetarlo.

Cuando te encuentres entre mis brazos, cierra tus ojos y descansa, mientras tanto yo te hablaré durante un rato. ¿Has comprendido?

Si el niño no ha entendido lo que habéis dicho, explicadlo hasta que lo tenga claro, y luego continuad.

Muy bien, Tommy, comienza ahora a inclinarte. Continúa inclinándote hasta caer en mis brazos.

Cuando caiga en vuestros brazos, indicadle:

Cierra los ojos y descansa entre mis brazos mientras te hablo.

En este momento le daréis las indicaciones que le ayudaran a resolver su problema. Por ejemplo:

Los bebés mojan la cama porque son muy pequeños para ir al cuarto de baño. La gente mayor no moja la cama porque pueden ir al servicio cuando desean. Tú eres un niño muy mayor y creces cada día un poco más. Tú puedes ir al cuarto de baño cuando lo deseas porque eres mayor. A partir de ahora acudirás al servicio cuando lo necesites. Y cuando estés durmiendo, te despertarás si sientes deseos de ir al baño. Ya no volverás a mojar la cama porque ahora puedes despertarte e ir al cuarto de baño cuando sientas deseos de hacerlo. Te sentirás muy bien cada vez que te levantes por las noches para ir al lavabo en vez de mojar la cama.

Ahora voy a ponerte de pie; puedes abrir los ojos y despertarte completamente.

Poned al niño de pie muy suavemente y decidle:

¡Abre los ojos! ¡Estás completamente despierto y te sientes maravillosamente bien!

Es bastante usual que el niño exprese deseos de ir al cuarto de baño inmediatamente después de despertarse de esta breve sesión de hipnosis. Cuando lo haga, estará reforzando la sugestión.

A continuación me ocuparé de los puntos esenciales de este procedimiento.

La inducción nos permite ganar la confianza del niño. Cualquier niño sabe que puede inclinarse fácilmente sin perder el equilibrio. Sin embargo, cuando el operador le pide que se incline, el niño pierde el equilibrio y cae entre sus brazos tal como se le ha indicado. De esta manera se establece un vínculo de confianza con el hipnotizador, porque sin que él sepa el motivo, todo ha sucedido como el operador le ha dicho. La razón de que pierda el equilibrio (aunque esto no se le explicará al niño) es que nadie puede estar de pie junto a una pared con los pies juntos y luego inclinarse sin caer al suelo, ya que sus nalgas hacen presión contra la pared y empujan el cuerpo hacia delante, haciéndole perder el equilibrio. Este procedimiento es efectivo para los niños más pequeños porque los mayores pueden descubrir el truco.

Cuando sujetáis al niño entre vuestros brazos, establecéis un contacto y una corriente de simpatía. Al mismo tiempo, el niño está en una posición que le impide impacientarse o distraerse.

La sugestión es breve, lógica y concreta. Siempre debería ser una sugestión positiva que le haga sentirse seguro y a gusto consigo mismo. El ejemplo citado se sostiene por el deseo de todos los niños de ser mayores y conseguir las metas de un adulto.

El niño despierta rápida y fácilmente, puesto que se da cuenta que, una vez que lo han ayudado a ponerse de pie, el procedimiento ha terminado.

Ejercicio número 2 para niños

Este ejercicio es excelente para niños de cualquier edad, desde cinco años hasta cien. Suelo utilizarlo para niños de entre nueve y catorce años. Este procedimiento también requiere que el niño se encuentre en una determinada posición, que se establezca un contacto físico y que el texto sea breve. La sesión completa durará aproximadamente entre cinco y siete minutos, según lo que os extendáis con vuestras sugerencias.

La niña debe sentarse en una silla de respaldo recto sin apoyabrazos y colocada de manera tal que no le dé la luz en los ojos. Debe colocarlas manos en su regazo, y los pies deben estar planos sobre el suelo y un poco separados. El operador se sentará frente a ella, ligeramente hacia la derecha. Una buena posición es colocar el pie derecho entre los pies de la niña, pero sin tocarlos. De este modo el ojo derecho del hipnotizador estará en el mismo plano vertical que el ojo derecho de la niña.

Pediréis a la niña que mire hacia delante con el fin de que su línea de visión llegue a vuestro pecho o cintura, según sea vuestro tamaño y el de ella.

Colocad la punta de vuestro dedo índice de la mano derecha sobre vuestro pómulo derecho justo por debajo de vuestro ojo derecho y decid:

Karen (nombre sustituto de la niña), quiero que mantengas la cabeza bien derecha y que mires hacia arriba hasta fijar tu mirada en mi dedo derecho mientras lo mantengo debajo de mi ojo derecho.

Dentro de un momento voy a mover mi dedo desde mi mejilla hasta tocar tu frente. Quiero que sigas con la mirada el movimiento de mi dedo, hasta que toque tu frente. Cuanto sientas el contacto de mi dedo quiero que cierres los ojos, respires profundamente y te relajes. Ahora observa mi dedo.

Comenzad a mover el dedo lentamente desde vuestra mejilla hasta la frente de la niña. Debéis tardar aproximadamente 5 a 10 segundos para darle tiempo a que concentre plenamente su mirada y de este modo sus ojos realicen un cierto esfuerzo.

Al tocar la frente de la niña, decid:

¡Mantén los ojos cerrados! Respira profundamente y relájate.

Retirad el dedo de la frente de la niña.

Deja caer ligeramente la cabeza mientras los músculos de tu cuello se relajan. Siente cómo se relajan tu cara y tus ojos, y siente también una tibia sensación de hormigueo. Ahora todo tu cuerpo se relaja. Siente la tibia sensación de hormigueo en tus hombros, en tu pecho, en tu cintura, en tus caderas, en tus muslos, en tus pantorrillas, en tus tobillos, en tus pies y en los dedos de los pies. Estás completamente relajada, de la cabeza a los pies.

En unos instantes voy a coger suavemente tus manos, una por vez, y fuego las dejaré caer sobre tu regazo. Cada vez que lo haga, te relajarás un poco más.

Con vuestros dedos pulgar e índice, levantad con suavidad la muñeca derecha a unos 5 centímetros de su regazo, luego dejarla caer otra vez. Decid: ¡Relájate!, mientras dejas caer tu mano sobre tu regazo. Repetid el procedimiento tres veces con la mano derecha y otras tres con la mano izquierda.

En este punto se impartirán las indicaciones. Por ejemplo:

Quiero que te imagines que estás en la escuela, sentada en tu pupitre haciendo el examen de ortografía. Te sientes relajada y segura de ti misma.

Eres inteligente y tienes una memoria excelente. Puedes recordar cualquier tema que hayas estudiado fácilmente. La maestra está de pie al frente de la clase. Pronuncia la primera palabra y tú la escribes de inmediato en tu cuaderno. La has escrito correctamente. La maestra dicta una palabra tras otra y no te cuesta ningún trabajo escribirlas perfectamente. Esto te hace sentir muy bien. De pronto te das cuenta de que algunos niños tienen problemas para escribir las palabras, pero tú no tienes ningún problema porque has aprendido a relajarte y a dejar que tu mente prodigiosa haga el trabajo por ti. Y mañana, cuando hagas tu examen de ortografía, te sentirás tan relajada como lo estás ahora y tu mente trabajará con facilidad para deletrear correctamente las palabras que dicte la maestra. Eres una persona brillante, capaz de hacer correctamente todo lo que le indiques a tu mente.

Ahora voy a contar hasta 3 y chasquearé mis dedos; cuando lo haga, abrirás los ojos, te despertarás completamente y te sentirás muy a gusto y llena de energía mental y de confianza en ti misma. 1... 2... 3.

(Chasquead los dedos).

¡Abre los ojos! Estás completamente despierta y llena de energía y confianza en ti misma.

A continuación resumiré los puntos más destacados de este procedimiento:

La posición física es fundamental. Debéis estar de pie frente al sujeto para que se vea obligado a miraros. De esta forma adoptaréis una postura de autoridad que conducirá al paciente a realizar lo que le indiquéis sin cuestionarlo. Sin embargo, os colocaréis ligeramente hacia uno de los lados con el fin de no bloquearlo y de este modo evitaréis que se intimide o se muestre aprensivo.

El movimiento del dedo hacia la frente hace que los ojos del sujeto se desplacen en sentido ascendente y experimenten un ligero cansancio o esfuerzo. Con esta acción se dispara automáticamente el nivel alfa de la actividad cerebral.

Se trata de una técnica de relajación rápida que se refuerza y se profundiza con el ejercicio de levantar las manos del regazo.

Este procedimiento se encuentra a mitad de camino entre el que se utiliza para los niños pequeños y el que se emplea con adultos. Es muy efectivo para cualquier edad y suelo emplearlo con frecuencia.

Resumen

Los procedimientos de hipnosis utilizados con niños suelen ser cortos y rápidos. Normalmente consisten en una actividad física o en el contacto físico que tiene como fin llevar a cabo la inducción hipnótica. Es preciso estructurar correctamente la sugestión a fin de transmitir con rapidez el mensaje de una forma alegre y optimista. Los dos procedimientos que se explican aquí son los que suelo utilizar, pero de ningún modo son los únicos que existen. Estos ejemplos son útiles cuando se empieza a trabajar con la hipnosis.

Generalmente no es necesario hacer sesiones previas a la hipnosis con los niños, ya que sus mentes no están bloqueadas con ideas erróneas y preconcebidas tal como sucede con los adultos. Los niños aceptan las cosas tal como son y responden en consecuencia. En muchos sentidos son más adultos que los propios adultos, de modo que así es como hay que tratarlos. Existe una regla esencial que debéis recordar al trabajar con niños: nunca se los debe menospreciar ni se los debe tratar de un modo condescendiente. Son iguales a vosotros y merecen ser tratados con respeto.

Una advertencia: Nunca, jamás se debe hipnotizar a un niño sin el consentimiento de sus padres, y en toda ocasión debe estar presente al menos uno de los padres durante la sesión de hipnosis. Mejor aún si están presentes los dos padres o dos personas en las que el niño tenga plena confianza; el niño se sentirá protegido y más confiado. Y también vosotros os protegeréis de falsas acusaciones o posibles denuncias legales.

Grabadlo en vuestra mente: NUNCA debéis hipnotizar a un niño sin la autorización de sus padres, y SIEMPRE que lo hagáis deben estar presentes en la sesión dos testigos adultos que sean responsables.

HIPNOSIS EN GRUPO

En ocasiones os pueden invitar a hablar sobre la hipnosis en un colegio o en una universidad, en un club o en cualquier otra organización o incluso en una fiesta informal. En estas situaciones grupales, la parte fundamental de vuestra intervención debe consistir en realizar una breve sesión de relajación profunda de las personas allí presentes. Para llevar a cabo una sesión de hipnosis en grupo, utilizad los mismos ejercicios que empleáis para una sesión individual. A1 no tener como objetivo resolver ningún tipo de problemas, realizaréis una serie de ejercicios enfocados a lograr un estado hipnótico superficial, verbalizando sugerencias generales, y luego despertaréis a los sujetos.

Instrucciones previas a la hipnosis

Antes de comenzar la demostración, explicad al grupo qué es la hipnosis, y además estableced dos reglas fundamentales. Primero, no se debe fumar en la sala antes de comenzar la conferencia y tampoco durante la exposición ni durante la demostración. (Tampoco permito fumar en la habitación donde realizo las sesiones de hipnosis.) En otras palabras, en la sala no debe haber humo ni tampoco un aire impregnado de olor a tabaco. El motivo de esta medida es que las personas bajo estado hipnótico se vuelven hipersensibles y el humo, aunque sea de un solo cigarrillo, puede causar que muchas de las personas sufran un acceso de tos.

Segundo, comunicad al grupo que cualquier persona tiene la libertad de no participar en la sesión de hipnosis. En el caso de que decidan no participar, pueden permanecer sentados con los ojos abiertos para observar lo que sucede, con la condición de no perturbar a aquellos que participan, o abandonar la sala. A todos aquellos que participan les comunicaréis que pueden abrir los ojos y echar un vistazo a lo que está sucediendo, si así lo desean. Dejad bien claro que se trata simplemente de una breve demostración de las técnicas de relajación profunda. Cuando los miembros del grupo sepan que pueden observar lo que sucede, se sentirán más confiados y desaparecerán sus aprehensiones. (En toda mi experiencia profesional jamás me encontré con alguien que no deseara participar ni que abriera los ojos para ver lo que pasaba.)

El ejercicio de demostración

Comenzad la sesión con los ejercicios A, B, C, F, G, I o cualquier otra serie que consideréis oportuna. (Los ejercicios A y B se encuentran en el capítulo 2; los ejercicio C, F, G e I en el capítulo 3.) Luego verbalizad algunas sugerencias generales como por ejemplo:

Goza usted ahora de un estado de relajación y de buena salud y puede aprovechar este estado para conseguir algún objetivo que merezca la pena alcanzar.

Es usted una persona valiosa y amable, y todos los días aprenderá cómo utilizar su mente y sus habilidades de una forma ventajosa.

Es usted una persona de éxito y disfrutará de esta condición.

Ahora voy a permanecer en silencio durante treinta segundos para que tenga usted tiempo de programar su objetivo individual.

(En este momento dejaréis de hablar y controlaréis los treinta segundos que debéis permanecer callados). Cuando se haya cumplido el tiempo indicado, despertad a los sujetos con un ejercicio semejante al ejercicio Q (del que nos ocupamos en el capítulo 3).

Concluid la sesión con un diálogo de preguntas y respuestas sobre la experiencia. Podéis comenzar diciendo: «Me gustaría que me contarais vuestra experiencia». Si nadie se decide a romper el fuego, entonces podéis elegir a alguien al azar y preguntarle: « ¿Cómo te ha ido, Diana? ¿Has conseguido relajarte? ¿Te has programado para algún objetivo?»

HIPNOSIS TEATRAL

El hipnotizador de escenario es un actor que a la vez es un buen hipnotizador y cuyo propósito es entretener al público. Con ese fin, selecciona algunas personas que sean susceptibles de hipnotizar y luego les hace ejecutar acciones graciosas o extrañas mientras están sumidos en un ligero estado hipnótico.

Al comienzo él no puede saber quiénes de todas las personas del público son susceptibles de ser hipnotizadas, pero lo que si sabe es que estadísticamente existen tres o cuatro personas hipnotizables en cualquier grupo de doce que elija. De modo que invita a doce voluntarios a subir al escenario. Los voluntarios suelen ser personas desinhibidas y sin responsabilidades, exactamente lo que busca el hipnotizador.

Realiza una breve serie de ejercicios y observa detenidamente la reacción de estos doce voluntarios. Como buen conocedor de las personas y de su trabajo, le resulta sencillo descartar a aquellos que pueden traerle problemas. Entonces les pide amablemente que vuelvan a sus butacas o los deja permanecer en el escenario pero no cuenta con ellos para su demostración.

Moviéndose con rapidez, se concentra en los sujetos que él sabe perfectamente que responderán a la hipnosis. Lleva a cabo unos breves ejercicios para inducirlos a una ligera hipnosis e induce a los sujetos a que realicen una serie de acciones divertidas. Por ejemplo, solicita a un hombre que pronuncie un discurso incitador en nombre de la liberación femenina o le indica a otro que ladre como un perro. El repertorio es muy extenso.

En muchas de estas demostraciones teatrales, el hipnotizador indica a los sujetos: «Cuando despertéis no recordaréis nada de lo que ha sucedido mientras estabais hipnotizados.» Sin embargo, ya hemos comentado que una persona que ha sido hipnotizada siempre recuerda lo que ha sucedido a menos que se le sugiera lo contrario. Probablemente el hipnotizador actúa de esta forma para evitar que las personas se sientan avergonzadas por lo que han hecho.

La mayoría de los hipnotizadores teatrales son personas muy hábiles, muy conocedoras del género humano y utilizan métodos seguros. Un hipnotizador torpe o descuidado podría perjudicar a los sujetos.

Jamás he practicado la hipnosis teatral, y no me interesa en absoluto hacerlo puesto que considero a la hipnosis como una valiosa herramienta que ayuda a la gente a enriquecer su vida. Los buenos hipnotizadores teatrales son de alguna manera como unos buenos cirujanos del cerebro que restringen su práctica a eliminar verrugas. No hay nada malo en eliminar verrugas, pero se desperdicia una gran destreza. Quizá algunos hipnotizadores se ganen la vida en el teatro pero seguramente también utilizan su conocimiento fuera del escenario para ayudar a la gente.

CAPÍTULO 9
Casos adicionales

A LO LARGO DE ESTE LIBRO hemos expuesto algunos casos específicos para ilustrar ciertos temas y técnicas. En este capítulo encontraréis otros ejemplos que os darán una perspectiva más amplia de los usos de la hipnosis (he seleccionado los más interesantes). Aunque estos casos no llegan siquiera a revelar todo lo que se puede llegar a conseguir mediante la hipnosis, encontraréis ejemplos suficientes para haceros una idea de lo que podéis encontrar y cómo abordar cada situación.

Además del control de la dieta, la regresión y otros ejemplos mencionados previamente, es posible tratar otros problemas por medio de la hipnosis, a saber:

Los miedos y las fobias (incluyendo el miedo a la muerte, al fracaso, a viajar en avión, a la imposibilidad de adecuarse a situaciones nuevas).

Los sentimientos de culpa (incluyendo la culpa por haber timado a alguien, por mentir o por haber abortado).

Mejorar la memoria y la actitud del sujeto frente a los exámenes.

Dominar la inclinación al suicidio.

Controlar determinados hábitos (incluyendo morderse las uñas y el abuso del alcohol).

Controlar el estrés.

Mejorar la autoimagen y la confianza en si mismo.

Controlar las migrañas, los dolores y las enfermedades.

Mejorar las propias habilidades.

Resolver los problemas sexuales (incluyendo impotencia), la falta de energía y el insomnio.

UN CASO REFERIDO A UNA SITUACIÓN DE EXAMEN

Cuando mi hija menor, Eileen, tenía quince años, asistía a una clase de mecanografía en el colegio. Para conseguir una puntuación sobresaliente debía mecanografiar 45 palabras por minuto. Ella podía incluso teclear más palabras, pero no en una situación en la que se sintiera presionada y, por lo tanto, se bloqueaba en los exámenes. La sola palabra «examen» paralizaban su cerebro y sus dedos.

La noche previa al examen más importante la hipnoticé. Le indiqué que se visualizara a si misma escribiendo a máquina a gran velocidad y sin cometer ni un solo fallo, absolutamente relajada y serena, con un total control de si misma. Luego verbalicé una sugestión poshipnótica que la inducía a escribir 45 palabras por minuto durante el examen del día siguiente y a sentirse relajada durante toda la prueba.

Al día siguiente logró escribir las 45 palabras por minuto y obtuvo un sobresaliente. Nos comunicó que se habla sentido relajada y segura durante toda la prueba.

Es preciso destacar que la hipnosis no consiguió que Eileen hiciera algo que habitualmente no era capaz de hacer. Ella tenía la capacidad para hacerlo pero había ciertos obstáculos en su camino.

La hipnosis eliminó los obstáculos permitiéndole expresar su talento. Escribió exactamente 45 palabras por minuto porque fue eso lo que le indiqué bajo hipnosis. Si le hubiera ordenado que escribiera 50 palabras, también lo hubiera hecho porque ella era capaz de hacerlo. Si hubiera dicho

200 palabras por minuto, no lo hubiera logrado ya que no estaba dentro de sus posibilidades, pero lo hubiera intentado. Sin embargo, si hubiera mencionado esa cifra, supongo que el esfuerzo realizado y el hecho de no haber alcanzado el objetivo, hubieran agregado otro problema, que se sintiera frustrada. De manera que es necesario ser muy cuidadoso con las indicaciones que se dan al sujeto. Se trata de ayudarlo a lograr un determinado propósito para mejorar su situación y no de introducir nuevos problemas.

UN CASO DE INSOMNIO

Una mujer de edad acudió a mi consulta para preguntarme cuáles eran mis honorarios y saber si por medio de la hipnosis podría curarse del insomnio que padecía. En general, pasaba toda la noche en vela y no conseguía descansar. Todas sus consultas médicas las hacía a través de la Seguridad Social y no podía pagar un programa de varias sesiones. Como máximo podía pagar una sesión de 25 dólares.

« ¿Podría usted ayudarme con una sola sesión?», me suplicó.

Me conmueven especialmente las personas mayores, de modo que le dije que lo haría encantado. Debo decir, sin embargo, que en ese momento no tenía la menor idea de cómo podría ayudarla a resolver el problema en una sola sesión.

Alteré mi propio estado de conciencia y mentalmente pedí ayuda a mi mente superior. De inmediato obtuve la respuesta que necesitaba para ayudar a esta mujer.

En respuesta a mis preguntas me comunicó que podría utilizar la grabadora de su hijo. De modo que puse en marcha la mía y la guié a un estado de relajación profunda. Mis instrucciones incluían los siguientes elementos clave:

Que sería capaz de conciliar un sueño profundo y natural que le proporcionaría el descanso que necesitaba, y que dormiría profundamente hasta que fuera el momento de despertar.

Que se despertaría siempre que me escuchara ordenarle que así lo hiciera; cuando tuviera lugar alguna situación de emergencia en la que fuera necesario que estuviera despierta y en estado de alerta; una vez que ya hubiera dormido lo suficiente, o cuando sonara su reloj despertador.

Que, independiente de la cantidad de tiempo que hubiera dormido, al despertar se sentiría siempre descansada y pletórica de energía como si hubiera dormido durante ocho horas tranquila y profundamente.

Que escucharía esta grabación cada noche durante un periodo de treinta días, y que siempre caería en un sueño profundo y reparador de forma inmediata.

Que, al final de los treinta días, su mente estaría completamente entrenada y ya no sería necesario utilizar esta cinta.

Desconecté la grabadora y la dejé dormir en mi despacho durante quince minutos más, al cabo de los cuales la desperté. No puse en marcha la grabadora para despertarla porque mi intención era que la cinta la ayudara a dormirse. Cuando despertó, estaba totalmente descansada y consciente. Le entregué la cinta y se marchó.

Un mes más tarde, me llamó para comunicarme que ya no utilizaba la cinta y que dormía muy bien todas las noches. ¡El tratamiento había sido efectivo!

Este caso ilustra algunos temas muy interesantes, incluyendo la necesidad de improvisar un método en un momento determinado y de utilizar la alteración de nuestra propia conciencia para obtener la información necesaria. Yo suelo emplear este procedimiento varias veces al día para conectar con mi mente superior y obtener un mayor conocimiento. Vosotros también podéis desarrollar esta práctica.

EL CASO DE UNA PROSTITUTA

Una prostituta deseaba abandonar su profesión para casarse. Se había enamorado y quería convertirse en un ama de casa común y corriente y llegar a ser madre. Su problema era que no disfrutaba del sexo. Jamás había sido capaz de experimentar un orgasmo. Para ella el sexo era un acto mecánico para conseguir lo que deseaba. Ahora pretendía modificar esta situación; quería disfrutar del sexo, pero no sabía cómo hacerlo.

Se trataba de un caso difícil porque era necesario abordar diferentes aspectos del problema, a saber: la pobre imagen que tenía de si misma, el sentimiento negativo hacia los hombres en general y el miedo de abandonar su dureza y dar rienda suelta a su feminidad.

Pagó por adelantado seis sesiones y yo me propuse dos objetivos básicos para cada sesión. En primer lugar, quería abordar los diversos temas mencionados. En segundo lugar, quería que se visualizara haciendo el amor y experimentando placer y satisfacción.

Durante la primera sesión le pedí que se comprometiera consigo misma a tener relaciones sólo con el hombre que amaba. Esta indicación obtuvo un éxito inmediato, sin embargo la visualización de un sexo gozoso no fue efectiva.

Una semana más tarde, al comienzo de la segunda sesión, me informó que tenía relaciones sexuales diarias con el hombre que amaba, pero que aún no las disfrutaba. Durante la hipnosis su visualización pareció originar cierta excitación física durante el sexo mental.

En la tercera sesión, que tuvo lugar una semana después, me comunicó que no obtenía ningún placer con sus relaciones sexuales reales. En esta sesión experimentó un intenso orgasmo durante la visualización. Al día siguiente me telefoneó para contarme que después de la sesión había ido a buscar a su amante y había experimentado el placer físico más profundo que jamás podía haber imaginado.

Nunca más la volví a ver ni supe nada de ella. No regresó a las siguientes sesiones y tampoco me llamó para reclamar que le devolviera el dinero que había pagado por las tres sesiones restantes. No pude ponerme en contacto con ella ya que se había negado a darme su dirección. Espero que la historia haya tenido un final feliz.

EL CASO DE UN JUGADOR DE TENIS

Una jugadora profesional de tenis atravesaba una mala racha y no lograba salir de ella. Cada vez que perdía un partido, se hundía en una profunda depresión. Siempre que jugaba, pensaba que iba a perder, y así sucedía efectivamente. Incluso las jugadoras muy inferiores a ella conseguían ganarle. Trabajaba como entrenadora profesional en un club muy elegante y corría el riesgo de perder su empleo debido a sus actuaciones incompetentes dentro de la pista. Su servicio había perdido fuerza, se encontraba siempre en la posición incorrecta y perdía el equilibrio, tenía poca vitalidad y energía, sus movimientos eran lentos y perdía el ritmo acertado.

La vi por primera vez una mañana. Tenía que jugar por la tarde con una jugadora mediocre y estaba segura de que la despedirían si perdía ese partido.

En estado hipnótico le indiqué que visualizara un partido de tenis perfecto en el que el ritmo de su juego fuera notable, su servicio potente y sus movimientos ágiles y rápidos. Hice que visualizara por anticipado las jugadas de su oponente y que se colocara en la posición correcta para devolver los golpes. Ella visualizó un partido en el que jugó con gran destreza y ganó a su oponente sin que ésta pudiera marcar ni un solo punto.

Esa tarde ganó el partido—por pocos puntos de diferencia—, pero ganó por primera vez en muchas semanas en las que jugaba a diario.

Después de cuatro sesiones de hipnosis, cada vez que jugaba un partido ganaba con gran diferencia a cualquier otra jugadora, de modo que ya no fue necesario continuar con las sesiones. Había aprendido rápidamente a practicar la autohipnosis, y estoy seguro de que ya no volverá a hundirse.

EL CASO DE UN ABORTO

Una enfermera psiquiátrica trajo a su hija de catorce años a la consulta porque la niña sentía intensos sentimientos de culpa por haber abortado recientemente. Había caído en una honda depresión y se había apartado de todos sus amigos. No tenía fe en sí misma ni en ninguna otra persona. El chico con el que había tenido relaciones la había abandonado al enterarse de que estaba embarazada. Los otros chicos ahora la consideraban una chica fácil e intentaban seducirla.

En realidad, era una persona valiosa y encantadora que había cometido un error con un chico del que creía estar enamorada. No merecía este castigo constante que estaba sufriendo.

Mi tarea era que llegara a perdonarse y a perdonar a los demás y devolverle la confianza en si misma para reconstruir su autoimagen. En general, utilicé las técnicas más comunes que se encuentran en este libro, y el tratamiento fue un verdadero éxito.

Sin embargo, quiero destacar que en este caso utilicé el ejercicio del Viaje a la Playa (que se describe en el capítulo 10). En el Viaje a la Playa le indiqué que realizara cuatro acciones mientras estaba de pie en la arena junto a la orilla del mar.

En primer lugar, le solicité que escribiera en la arena la frase «Yo perdono» y que luego escribiera su nombre, el nombre de su ex-novio, el de otras personas hacia las que hubiera sentido resentimiento y de «todos los demás». Luego le indiqué que visualizar una ola que mojaba sus pies y cubría el mensaje escrito sobre la arena. Al retirarse la ola, se había llevado el mensaje consigo, habla llevado el mensaje hacia el océano de la vida donde se habla convertido en realidad. Todo estaba completamente olvidado.

En segundo lugar, le pedí que escribiera sobre la arena las palabras «Yo amo» seguidas por su propio nombre, por cualquier otro nombre especial que ella eligiera y también por «todos los demás». Una vez más, la ola arrastró el mensaje hacia el océano de la vida y su amor se convirtió en realidad.

En tercer lugar, le indiqué que permaneciera de pie frente al mar y que se girara a la derecha para ver una puerta abierta en medio de la playa. Le comuniqué que a la derecha se encontraba el pasado y que ésa era la puerta hacia el pasado. Le pedí que se dirigiera a la puerta, que la cerrara y echara la llave y que luego arrojara la llave al mar. De este modo habla cerrado la puerta del pasado para que ya no la atormentaran los sufrimientos de esa época.

En cuarto lugar, le ordené que se girara hacia la izquierda y comenzara a caminar en dirección a otra puerta que estaba cerrada. Le comuniqué que de este lado se encontraba el futuro y que ésa era la puerta que conducía hasta él. Le pedí que quitara el cerrojo para abrir la puerta y que guardara la llave en su bolsillo. La insté a que mirara a través de la puerta y se viera a si misma completamente relajada, hermosa, madura, serena y muy feliz. Ése era su futuro, y ella tenía la llave en su poder.

Este tipo de sesión resulta especialmente intensa y muy efectiva. Debéis tener en cuenta que en este caso me he limitado a exponer los principios generales; vosotros deberéis utilizar las palabras adecuadas para cada caso.

EL CASO DE LA HERIDA EN LA BARBILLA

En este caso, yo fui el operador y el sujeto al mismo tiempo. Con él intento demostrar que la autohipnosis puede ser de un valor incalculable en una situación de emergencia.

Mi esposa y yo estábamos pasando nuestras vacaciones de verano en un lago y navegábamos la mayor parte de nuestro tiempo en nuestro velero de 5,5 metros. Este día en particular hablamos echado el ancla y me dirigí hacia la proa para levar el ancla con el fin de ponernos en movimiento. Resbalé en la cubierta y me caí, golpeándome con fuerza contra la barandilla de metal. Cuando me incorporé, la sangre manaba abundantemente de mi barbilla y cala sobre mi pecho.

Mi mujer me miró horrorizada. « ¡Dios mío!», exclamó. «Se ve el hueso.»

De inmediato mantuve la herida cerrada entre mis dedos lo más fuerte que pude. Sentado en proa, cerré los ojos y casi instantáneamente alteré mi estado de conciencia (pensándolo retrospectivamente, creo que me sumergí en teta)

Visualicé mi barbilla en perfectas condiciones. La cubrí con una luz curativa y dije mentalmente: «La sangre no mana. No siento dolor. No hay cicatriz. No hay infección ni inflamación. Será una curación perfecta mil veces más rápida que mi poder curativo normal.» Permanecí sentado durante unos cinco minutos, manteniendo la herida cerrada mientras me mantenía en un estado alterado de conciencia con los ojos cerrados. Mantuve la visión de una barbilla perfecta mientras repetía mentalmente las palabras antedichas una y otra vez.

Luego abrí los ojos y regresé a mi estado normal. Dejé de mantener la herida cerrada y ya no sangraba. Se había formado una costra y no me dolía. Mi esposa quería que volviéramos a tierra para que me curaran y vendaran la herida, pero me negué, ya no era necesario. Continuamos navegando y disfrutamos varias horas antes de volver a tierra.

Cuando me desperté a la mañana siguiente, descubrí que la costra se había desprendido durante la noche. La única señal que quedaba del accidente era una delgada línea roja de unos tres centímetros en mi barbilla. Después de una semana, incluso esa línea habla desaparecido sin dejar rastros del accidente, y en ningún momento la barbilla se inflamó ni sentí dolor.

UN CASO RELACIONADO CON LA MEMORIA

Un hombre me llamó para concertar una entrevista con el objetivo de realizar una serie de sesiones para mejorar su memoria, ya que sufría graves lagunas. Por supuesto, se olvidó de la cita concertada. Telefoneó una vez más para hacer una nueva cita. Una vez más se olvidó de ella. Esto sucedió en cuatro ocasiones consecutivas. Sabía que si lograba que acudiera una sola vez a la consulta, lograría que volviera a la siguiente sesión mediante una sugestión posthipnótica y finalmente podría ayudarle a resolver su problema.

De modo que cuando volvió a llamar, le sugerí que escribiera de inmediato la fecha y hora de la cita, que era para la mañana siguiente a las 9. Le indiqué que lo apuntara en el espejo retrovisor de su coche y esperé ante el teléfono mientras lo hacía para que me confirmara que habla hecho lo indicado.

Esta vez acudió a la cita, y después de seis sesiones, a las que acudió siempre puntualmente, gozaba nuevamente de una magnifica memoria.

EL CASO DE UNA HERIDA EN EL PIE

Hace algunos años, cuando empezaba a practicar la hipnosis profesionalmente, una joven mujer acudió a mi consulta con muletas y su pantorrilla y su pie escayolados. Un par de días atrás, mientras caminaba descalza por el patio de su casa, se habla resbalado y se había golpeado contra algo, como consecuencia se había ocasionado una herida en la planta del pie, desde el dedo gordo hasta el talón, que había dejado el hueso al aire. Fue necesario darle muchos puntos y el médico le había comunicado que debería llevar la escayola al menos tres semanas y quizá aún más.

Ella había solicitado una entrevista para controlar su dieta, de manera que la hipnoticé e inicié el programa de sugestión con ese fin.

Esta mujer era una de las personas más receptivas que he conocido; caía en estado hipnótico simplemente con decirle: «Cierre sus ojos y relájese.» Respondía de maravilla.

Antes de despertarla, realicé con ella un procedimiento similar al que utilicé conmigo mismo cuando sufrí el accidente en el barco.

A la semana siguiente acudió a la consulta sin muletas, sin la escayola y con zapatos de tacón. Se quitó el zapato del pie derecho y me mostró la herida de la planta del pie. Pude observar una fina línea roja desde el dedo gordo hasta el talón. No había hinchazón, y la herida se había curado.

Este caso tuvo una culminación graciosa, y ella estaba deseando contármelo. Parece ser que había acudido a la consulta de su médico un día después de la sesión de hipnosis y se había empeñado en que le quitara la escayola. El médico se negó a hacerlo y mantuvieron una acalorada discusión y ella lo amenazó con coger un martillo y hacerlo por sí misma. El médico accedió a quitarle la escayola a fin de que no se hiciera ningún daño, pero le advirtió que lo hacía bajo su entera responsabilidad y que le costaría más dinero. La mujer me comentó que cuando el médico vio el pie completamente curado su mirada no tenía precio.

«No lo comprendo», murmuró.

Fue entonces cuando la mujer le contó lo de la sesión de hipnosis.

El doctor se puso furioso. «Pensé que era usted más sensata. ¿Cómo se le ocurre consultar con esos curanderos? Es obvio que no confía usted en su médico. Considere que ésta es la última vez que acude a mi consulta. Encuentre otro médico o, mejor aún, encuentre algún matasanos».

Sin alterarse, la mujer le preguntó: «Doctor, ¿cómo explica usted que se me haya curado el pie?»

«Es evidente que cometí una equivocación con el diagnóstico», expresó el médico con un bufido y abandonó de inmediato la consulta.

Este caso ilustra la oposición ciega y fanática que existe en relación con la hipnosis. La gente tiende a rechazar todo aquello que no comprende.

Nuestro papel como hipnotizadores no es enfrentarnos directamente con estas personas, sino ofrecerles con suma paciencia toda la información referente a la hipnosis. Y lo que es más importante, ofrecer nuestros servicios con integridad, honradez y sensibilidad. Es preciso aprender primero a hipnotizar a las personas, y luego llevar adelante esa práctica con honradez.

CAPÍTULO 10
Ejercicios adicionales

EN ESTE CAPÍTULO encontraréis unos pocos ejercicios más para completar los que ya hemos descrito. Los que se describen aquí son ejercicios más especializados que se pueden adecuar fácilmente a una serie de ejercicios estándar para alcanzar un determinado objetivo.

EJERCICIO DEL VIAJE AL MAR
Este ejercicio es uno de los más efectivos; es flexible y se emplea en un sinfín de situaciones. En los capítulos 7 y 9 se describe una versión modificada del mismo. También es posible utilizar este ejercicio como sustituto del ejercicio del Viaje a la Montaña incluido en la sexta sesión (véase el capítulo 6).

Imagine que está sentado en una gran roca y que el mar está a seis metros por debajo de usted... preste atención al rugido del océano al golpear contra las rocas... huela el aire salado mientras el viento le golpea la cara... advierta el contraste que existe entre las rocas y nuestra playa.

Observe cómo vuelan las gaviotas en el cielo... mire cómo se hunden en el mar en busca de su alimento... escuche cómo conversan mientras vuelan nuevamente hacia el cielo... descubra los otros pájaros que están a nuestro alrededor... con su canto suave y alegre manifiestan su aprecio por la vida.

Miramos hacia abajo para descubrir el sendero que va hacia nuestra playa... vamos a bajar por el camino hasta la playa... el sendero parece querer indicarnos la cantidad de gente que ha bajado desde la roca hacia la playa antes que nosotros... estas rocas eternas nos reafirman que la vida es bella y que nos beneficiamos cuando estamos en armonía con la naturaleza... a medio camino las rocas y piedras forman una escalera natural... ahora volvemos otra vez por el camino... La arena se está calentando y nos invita a acercarnos... vamos a quitarnos los zapatos y a caminar descalzos hasta la playa... sienta la arena entre los dedos de los pies... cuando lleguemos a la playa sienta la brisa tibia... ahora podemos ver el mar que está absolutamente calmado y resplandeciente.

Vamos a caminar hacia la orilla... sienta la diferencia entre la arena seca que acabamos de dejar atrás y la arena húmeda... agáchese y escriba «Te quiero» y luego escriba los nombres de las personas especiales que deseamos recordar... ahora vemos cómo el mar llega hasta nosotros y abraza nuestros tobillos y, al retirarse, se lleva consigo nuestros nombres y nuestros mensajes: «Te quiero.»

Camine hacia el mar hasta que el agua le llegue hasta las rodillas y sienta la refrescante reafirmación de la vida... ahora recoja este mensaje de amor por la vida que le ofrece el mar... el mensaje sube por sus pies hasta inundar todo su cuerpo con un renovado interés y amor por la vida.

Ahora vamos a regresar a la playa... recoja aquella concha... escuche el mensaje que le trae... devuélvala a la arena tibia... gírese para mirar una vez más el mar y despedirse de él... es hora de volver a calzamos y de subir nuevamente la escalera de la vida hasta lo alto de las rocas. Ahora traemos con nosotros el interés y el amor por la vida que hemos recogido del mar... agradezca muy especialmente a aquellas personas en las que ha meditado mientras el mar desaparece de su vista.

LA CUENTA ATRAS CON UN GLOBO

Este ejercicio es idóneo para una sesión de hipnosis de grupo, pero también se puede utilizar en una sesión individual con ligeras variantes. También es aconsejable cuando se trabaja con niños.

Estire su brazo derecho y su pierna izquierda y relájese. Ahora estire su brazo izquierdo y su pierna derecha y relájese. Ahora estire ambos brazas y ambas piernas... y relájese. Deje caer sus brazos y sus piernas hasta adoptar una posición cómoda y luego cierre los ojos.

Para inspirar e inflarse como si fuera un globo, inspire por la nariz y visualice un globo que se acerca hacia usted. Para exhalar y desinflarse como si fuera un globo, expulse el aire por la boca para alejar el globo. Y cuando llegue usted a su lugar favorito, recuerde que debe permanecer quieto y en silencio.

Ahora el globo está frente a usted y es de color rojo. Inspire inflándose como si fuera un globo y vea cómo el globo rojo se acerca. Ahora aléjelo con una exhalación.

En este instante, el globo que está frente a usted es de color naranja. Inspire inflándose como si fuera un globo y vea cómo el globo de color naranja se acerca. Ahora aléjelo con una exhalación.

El globo que está frente a usted en este momento es de color amarillo. Inspire inflándose como si fuera un globo y vea cómo el globo amarillo se acerca. Ahora aléjelo con una exhalación.

Ahora el globo que está frente a usted es de color verde. Inspire inflándose como si fuera un globo y vea cómo el globo verde se acerca. Ahora aléjelo con una exhalación.

El globo que está frente a usted ahora es de color azul. Inspire inflándose como si fuera un globo y vea cómo el globo azul se acerca. Ahora aléjelo con una exhalación.

Ahora inhale profundamente y vea un 10. Retenga la respiración y vea un 9. Exhale y vea un 8. Inhale y vea un 7. Retenga la respiración y vea un 6. Exhale y vea un 5. Inhale y vea un 4. Retenga la respiración y vea un 3. Exhale y vea un 2.

Ahora vea un gran número 1 atado a un globo de color púrpura. Sujétese al número 1 y desplácese hasta su lugar favorito. Éste puede ser cualquier lugar que elija. En él puede haber todo lo que usted desee porque es su sitio, un sitio que le pertenece completamente.

(Esperad entre 30 segundos y un minuto para que el sujeto cree su sitio favorito y que lo explore. Luego continuad.)

Respire como si fuera un globo y se sentirá mejor. Se relajará más profundamente en su sitio predilecto. Cuando necesite recordar alguna cosa, inspire inflándose como si fuera un globo y vea la respuesta detrás de sus ojos. Para tener un absoluto control de si mismo debe usted respirar, inflándose como si fuera un globo. Será capaz de hacer todo lo que usted crea que puede hacer. Flexione sus codos y abrácese por ser una persona tan especial... Ahora envíe un mensaje mental a una persona especial para usted

(En este punto se incluyen las indicaciones propias para cada caso.)

Para regresar a su lugar favorito, inspire inflándose como si fuera un globo. Vea un globo de color blanco con rayas de su color predilecto. Sujétese al globo y vuele otra vez hacia su sitio preferido. Ahora todos ustedes abrirán los ojos. Se estirarán y se sentirán muy a gusto.

EL CASO DEL EXAMEN

Estará usted especialmente relajado y sereno, seguro de sí mismo, cada vez que tenga que hacer un examen, independientemente del tema. Su mente y sus ojos responderán perfectamente ante cualquier prueba o examen. Para obtener una excelente puntuación:

Primero, lea cuidadosamente la pregunta y respóndala de inmediato si conoce la respuesta correcta. En caso contrario, no pierda el tiempo y pase a la siguiente pregunta. Siga con este método hasta completar todas las preguntas rápidamente por primera vez. Seguramente habrá sido capaz de responder algunas de ellas... aquellas cuya respuesta conocía.

Segundo, vuelva a repasar las preguntas que no ha conseguido contestar. Deténgase un poco más en cada una de ellas, quizá un minuto... pero no más.

Responda las preguntas cuyas respuestas acudan a su mente. Pase a la siguiente. Continúe hasta el final de la prueba, deteniéndose en las preguntas que no ha sabido responder la primera vez. Seguramente habrá respondido ahora un mayor número de preguntas.

Tercero, deténgase en cada una de las preguntas cuya respuesta desconoce y pregunte mentalmente al profesor cuál es la respuesta correcta. Luego escriba lo primero que aparezca en su mente. Repita este procedimiento hasta concluir la prueba. De este modo entregará usted una hoja con todas las respuestas contestadas y obtendrá una buena puntuación.

MIGRAÑAS

En las instrucciones previas a la sesión de hipnosis, indique al sujeto que practique la autohipnosis cuando experimente los primeros síntomas de una jaqueca, ya que es mucho más sencillo eliminarla cuando está en su primera fase. Una vez que la jaqueca se convierte en migraña, resulta más difícil relajarse y conseguir resultados rápidos y satisfactorios.

Quiero que imagine que está mirando una pantalla de color azul pálido. Sobre ella está escrito el número 20. Mírelo detenidamente. Ahora hágalo desaparecer relajándose profundamente. Ahora mire el número 19, y déjelo que desaparezca. Mire el número 18, y déjelo que desaparezca... 17, y déjelo que desaparezca... 16, y déjelo que desaparezca. Una niebla de un azul más profundo se está formando sobre la pantalla... 15... 14... 13... el azul es cada vez más profundo... 12... 11... 10... la pantalla es ahora de color azul oscuro. Ahora respire profundamente y relájese un poco más mientras ve cómo la pantalla se transforma en un color púrpura y sobre ella se observa un destellante número 10. Ahora deje que ese número 10 se disuelva en el color púrpura y en su lugar surge el número 9. Ahora aparece el 8... el 7... el 6... la pantalla se torna verde... 5... 4... 3... 2... 1... 0. Ahora olvídese de los números y de la pantalla y relájese aún más profundamente.

Imagínese cómo le gustaría ser... guapa, libre y relajada. Sintiéndose muy a gusto... con una espléndida apariencia... sintiéndose muy bien... muy saludable... con mucha fuerza, alegría y vitalidad... libre de cualquier dolor... libre de tensión. Ésa es usted Ésa es realmente usted. Cada día de su vida a partir de hoy se sentirá cada vez más parecida a la mujer que aspira ser. Es usted tan capaz e inteligente como cualquier otra persona, incluso más. Tiene usted el control de si misma, de modo que todo lo que se proponga lo conseguirá. A partir de este momento será usted más dueña de sí misma porque se sentirá serena y relajada. Y por esta misma razón su cabeza estará relajada, y también su cuello, su columna, todo su cuerpo estará más relajado y usted se sentirá más libre y relajada, y ya no volverá a tener jaquecas. Jamás volverá a sufrir una jaqueca.

Cada día se ocupará usted de practicar los ejercicios de autohipnosis. Al menor signo de una futura jaqueca, realizará los ejercicios inmediatamente, y cada vez que los haga se relajará completamente. Se relajará tan profundamente como en este momento, se sentirá tan relajada como ahora e incluso un poco más. Cualquiera sean las instrucciones, éstas calarán más hondo y serán cada vez más eficaces. Cada noche antes de ir a dormir realizará los ejercicios de autohipnosis y dirá: Me sentiré relajada y serena. Dormiré placenteramente toda la noche y cuando me despierte me sentiré maravillosamente bien y de este modo impediré que durante la noche surja una jaqueca.

TABACO

Quiero que imagine que tiene un cigarrillo en la mano. Vea las volutas de humo y sienta cómo se introducen en su nariz... huele fatal, como si estuvieran quemando basura. Mire nuevamente las volutas de humo del tabaco llegando hasta sus ojos. El humo huele mal y le hace arder los ojos. Hay olor a rancio y a suciedad. Huele simplemente fatal... es una inmundicia. Ahora apague el cigarrillo en el cenicero y márchese... aléjese de ese olor a tabaco sucio, asqueroso y nocivo... alégrese de haberse deshecho del asqueroso tabaco. Siempre que le apetezca fumar, recordará ese sucio y asqueroso olor y ese sabor inmundo, y las ganas de fumar desaparecerán de inmediato a partir de ahora, y ni siquiera le apetecerá dar una calada.

Ahora quiero que se imagine a sí misma tal y como le gustaría ser. Vital, sana, llena de fuerza y de energía, libre de su anterior esclavitud con el sucio tabaco, en pleno control de su comportamiento, sintiéndose muy a gusto, siendo capaz de respirar otra vez y de sentir los olores y los sabores. Ésa es usted. Ésa es la mujer que aspira a ser y la que será. En esa mujer se está usted convirtiendo. En este preciso instante se está usted haciendo una promesa; no es una promesa que me hace a mí, sino un compromiso con usted misma... un compromiso que adquirirá más fuerza día tras día... el compromiso de llegar a ser verdaderamente usted y mantenerse completamente alejada del tabaco desde este mismo momento.

Usted permanecerá serena y relajada. Se sentirá a gusto y segura de usted misma, sabiendo que puede conseguir todo lo que se proponga. Tendrá éxito y disfrutará de esta nueva condición. Le resultará muy fácil no volver a fumar porque se sentirá muy relajada y su boca también lo estará, sin sentir ningún deseo de fumar ni siquiera una sola calada.

Dormirá como un tronco toda la noche, y se despertará sintiéndose en el cielo. Cuanto más tiempo se abstenga del tabaco, más fácil le resultará no fumar y se sentirá mejor cada día. Siempre que practique sus ejercicios de autohipnosis se relajará completamente. Tan profundamente como en este momento. Al realizar los ejercicios de autohipnosis metódicamente cada día, será capaz de controlar completamente su deseo de fumar. Dispondrá de la fuerza necesaria para mantenerse alejada del tabaco y no dará siquiera una sola calada.

Este procedimiento se refiere al tabaco como si tuviera un olor espantoso, parecido a cuando se queman residuos de basura, y también un sabor horrible. Cuando practiquéis este ejercicio podéis utilizar las palabras que creáis más convenientes o eficaces. En el ejemplo del caso del control de la dieta del que nos ocupamos en el capítulo 3, se mencionaba el olor y el sabor de las plumas de pollo mojadas para eliminar el hábito de consumir palomitas de maíz. Podéis intentar descubrir cuáles son las cosas que le resultan repulsivas al sujeto para incluirlas luego en el ejercicio para dejar de fumar.

CAPÍTULO 11

Autohipnosis

PUEDE PARECER una redundancia incluir un capítulo especial para la autohipnosis, pero es necesario explicar algunas cosas de las que aún no nos hemos ocupado. Los primeros diez capítulos ofrecen el conocimiento básico de esta herramienta poderosa que se denomina autohipnosis. En este capítulo exploraremos este tema en profundidad.

La única diferencia significativa entre la hipnosis y la autohipnosis es que en la primera el operador y el sujeto son dos personas distintas, mientras que en la autohipnosis el operador y el sujeto coinciden en la misma persona.

Puede ser muy positivo compartir la experiencia de aprendizaje de la autohipnosis con otra persona utilizando los métodos descritos en este libro. Esta experiencia compartida puede ser de enorme valor para ambos, ya que los unirá mental y emocionalmente y promoverá el amor y respeto mutuo. También es un hecho que el aprendizaje resulta más fácil y más rápido cuando se realiza con otra persona.

Solicitad a vuestro compañero o compañera que os hipnotice utilizando un procedimiento similar al que empleamos en la segunda sesión (véase el capítulo 3). Luego practicad el ejercicio de autohipnosis durante algunos días. Solicitad una vez más a vuestro compañero que os hipnotice y refuerce las sugestión hipnótica. Practicadlo nuevamente. La cantidad de veces que resulte necesario reforzar el procedimiento depende enteramente de vosotros. Si practicáis el ejercicio de autohipnosis cotidianamente, serán suficientes una o dos sesiones de reforzamiento. Si realizáis un programa completo de seis sesiones como se detalla en la Parte I, el resultado será mucho más efectivo.

¿Pero qué pasa con aquellos que no tienen a nadie con quien compartir la experiencia de aprendizaje de la autohipnosis?. ¿Qué pueden hacer?. ¿Cómo pueden aprender?.

Dejad vuestras preocupaciones de lado. Este capítulo se ocupa de todo lo que está relacionado con la autohipnosis, agrega algunas modificaciones y os enseña a realizarla de una manera fácil, efectiva y económica en cualquier sitio solitario que escojáis—y sin necesidad de un compañero.

En el capítulo 9, en el caso del corte en la barbilla, os relaté cómo utilicé la autohipnosis para controlar el dolor y curar la herida. Otros ejemplos mencionados a lo largo del libro dejan claro que la autohipnosis tiene un potencial infinito para enriquecernos en cualquier nivel de la vida.

Es posible utilizar la autohipnosis para resolver prácticamente cualquier tipo de problema y también para ampliar la consciencia y conectar con vuestra innata inteligencia superior y capacidad creativa. Al utilizar la autohipnosis con este último propósito, la hipnosis se puede transformar en una meditación. La autohipnosis se puede emplear también en aquellos momentos en que se siente la necesidad de que intervenga un poder superior en alguna situación; entonces se transforma en una plegaria. Las sutiles diferencias entre estas formas de autohipnosis reside en el modo que se guían los pensamientos una vez que se ha alterado el propio estado de conciencia, es decir, cuando se ha alcanzado el estado alfa. En el capítulo 12 encontraréis usos ampliados de la autohipnosis que se internan en los reinos de la experiencia psíquica. Por el momento nos limitaremos a ocuparnos de los usos prácticos cotidianos.

A continuación os contaré una experiencia divertida que me sucedió con la autohipnosis. Tenía cita con el dentista para que me extrajera dos muelas. La noche anterior me había condicionado para detener el flujo de la sangre. El día de la cita, al sentarme en el sillón del dentista, me autohipnoticé. Cuando el dentista extrajo las muelas, bloqueé el flujo de sangre para que no manara a través de la herida abierta. El dentista estaba perplejo y no dejaba de decirle a su asistente: «No sangra. ¿Cómo es posible?. No lo comprendo.» Yo sonreí mentalmente, ya que no me era posible sonreír físicamente debido a todos los aparatos, algodón y otros objetos que me sujetaban la boca. Además, visualicé una curación rápida y completa. Después de setenta y dos horas la hinchazón había remitido y las heridas se habían curado completamente; el dentista había pronosticado entre una y tres semanas.

Y ahora os contaré otra graciosa experiencia que tuvo uno de mis pacientes con la autohipnosis. Formaba parte de un grupo que participaba en una investigación sobre los sueños en el hospital local. Una vez por semana mi paciente dormía en el hospital con un electroencefalograma (EEG) conectado a su cabeza. Con ello se pretendía registrar las ondas de su actividad cerebral. Al observar el gráfico, los médicos podían establecer si se encontraba en estado alfa, beta, teta o delta, y también podían afirmar en qué momento el paciente dormía y cuándo estaba despierto. Mi cliente se autohipnotizó de inmediato en cuanto le conectaron el EEG. El aparato registró un profundo estado alfa, indicativo de que el sujeto dormía, aunque él estaba completamente despierto. Uno de los médicos preguntó: «¿Qué está sucediendo aquí?» Luego el hombre regresó alternadamente al estado beta, luego a alfa, después otra vez a beta y finalmente a alfa mientras la máquina lo registraba. Los cambios confundieron a los médicos hasta que el sujeto les comunicó lo que estaba haciendo. La respuesta de los médicos no se puede reproducir aquí.

He ideado y escrito prácticamente todo el contenido de este libro en estado alfa. ¿Qué significa esto?. Significa que es posible desarrollar una actividad y tener los ojos abiertos aunque se encuentre uno en un estado alterado de conciencia. Pensadlo un momento. ¡Qué herramienta maravillosa es la autohipnosis!. Nos transporta a otro estado mientras estamos cómoda y tranquilamente sentados con los ojos cerrados pensando en un objetivo determinado. Pero utilizar la autohipnosis en este sentido no es fácil de lograr ya que requiere un periodo prolongado de precondicionamiento en estado hipnótico o autohipnótico. Dicho precondicionamiento es similar al utilizado para el control de la dieta, pero las indicaciones son diferentes; será necesario idear las propias técnicas y sugerencias para este caso. Y además requiere práctica, mucha práctica. No os olvidéis de mis palabras, el tiempo y el esfuerzo se verán recompensados con los resultados. Desarrollad vuestra propia disciplina y ateneros a ella; los resultados serán un verdadero éxito.

Ahora bien, ¿estáis preparados para comenzar? Entonces vamos a ocuparnos de la parte central de este tema.

CÓMO COMENZAR

Para comenzar, es preciso contar con un método para programaros a vosotros mismos con orientaciones y sugerencias. Con gran probabilidad, lo primero que aparece en la mente es la necesidad de comprar cintas para la hipnosis y escucharlas. Bueno, esa es una solución posible, no tengo ningún problema con esas cintas comerciales ya que he grabado varias que existen en el mercado. Sin embargo, pueden resultar algo caras y generalmente no se adaptan a los propios deseos o a las necesidades específicas de cada caso. Por menos dinero podéis comprar cintas vírgenes y luego grabarlas de acuerdo con vuestros objetivos.

Mi primera recomendación es que grabéis vuestras propias cintas. Si no disponéis de una grabadora, adquirid una que sea económica, ya que como solamente vais a utilizarla para grabar vuestra voz, no es necesario que sea de alta fidelidad. He visto algunas en grandes almacenes a partir de 15 a 20 dólares; no hay ninguna necesidad de gastar más de 30 dólares. Comprad también cintas vírgenes que sean baratas, por la misma razón antes citada.

En este punto, el siguiente paso depende de los objetivos de la autohipnosis.

CONSULTA PREVIA A LA HIPNOSIS

Sí, así es; deberíais consultar con vosotros mismos antes de practicar la autohipnosis.

No es necesario realizar un procedimiento muy elaborado, pero es importante hacerlo. Utilizad unas hojas de papel y un bolígrafo y apuntad las respuestas a las siguientes preguntas:

¿Por qué quiero aprender la autohipnosis?.
¿Qué necesidades voy a satisfacer mediante esta técnica?.
¿Qué beneficios me reportará?.
¿Puedo ayudar también a otras personas?.
¿Cuáles son mis objetivos al utilizar la autohipnosis?.
¿Estoy realmente preparado para dedicar metódicamente 15 minutos diarios durante el resto de mi vida a esta valiosa actividad?.

Si consideráis difícil o imposible responder a estas preguntas, es probable que no estéis preparados para practicar la autohipnosis. Si este fuera el caso, dejad reposar la idea durante algunos momentos. Podéis continuar cuando os sintáis preparados. Generalmente, si se intenta practicar la autohipnosis antes de estar mental y espiritualmente preparado, no será efectiva. Como consecuencia, os sentiréis frustrados y abandonaréis la idea. Ante cualquier posible duda, esperad unos instantes y practicad la autohipnosis cuando estéis preparados.

EJERCICIOS PREVIOS A LA HIPNOSIS

Antes de comenzar a aprender cómo practicar la autohipnosis, realizad primero los siguientes ejercicios de condicionamiento.

Ejercicio 1

Sentaos cómodamente con la cabeza bien derecha. Sin desplazar la cabeza, mirad hacia arriba. Esto resultará bastante incómodo, pero debéis mantener los ojos en esa posición la mayor cantidad de tiempo posible. Cuando experimentéis una tensión que ya no podéis soportar, cerrad los ojos y colocad vuestros ojos en la posición normal; luego permaneceréis sentados con los ojos cerrados durante unos dos minutos, relajándoos y dejando la mente en blanco.

El beneficio de esta práctica es que os habéis introducido en un ligero nivel del estado alfa. Al deslizar los oíos hacia arriba, se dispara el estado alfa y, como dicho estado es necesario para la hipnosis, practicando este ejercicio os estáis entrenando (y estaréis preparando vuestra mente) para alcanzar el estado alfa siempre que lo deseéis.

Ejercicio 2

Sentaos cómodamente y cerrad los ojos. Visualizad las letras de vuestro nombre lentamente, una por vez. Luego borrad vuestro nombre y abrid los ojos.

De este modo lograréis desarrollar vuestra capacidad de visualizar. La visualización es la clave para una práctica correcta de la autohipnosis y para ir más allá de la hipnosis hacia el reino de la experiencia psíquica, como ya hemos mencionado en el capítulo 13.

A muchas personas les resulta muy difícil llegar a la visualización, de modo que no es desalentéis si tenéis alguna dificultad. Si la primera letra de vuestro nombre es la H y no lográis visualizarla, describidla mentalmente... dos barras verticales con una barra horizontal en el punto medio entre ellas... como los postes de la portería de un campo de fútbol. Intelectualmente sabéis que la H está allí. Con la práctica, llegaréis a visualizarla. Como sucede con cualquier aprendizaje, es preciso practicar, practicar y practicar, con el fin de perfeccionar la capacidad de visualizar. Esto se aplica cuando se desea aprender la autohipnosis o cuando se quiere aprender a tocar un instrumento musical. Cuando se trata de la hipnosis, es como si estuvierais aprendiendo a tocar el instrumento de vuestra mente. Es posible que sólo deseéis tocar este instrumento como aficionados o quizá pretendáis llegar a ser expertos; en cualquier caso, todo depende de vosotros, del grado de devoción, tiempo e integridad que estéis dispuestos a invertir en ello.

EJERCICIOS DE AUTOHIPNOSIS
Caso 1

Supongamos que sólo estáis interesados en resolver un problema específico (por ejemplo, el control de la dieta) y no tenéis como objetivo principal dominar la autohipnosis. En ese caso, simplemente debéis grabar la sesión del control de la dieta que se encuentra en la Parte I a un ritmo que os resulte cómodo.

Después de haber grabado la sesión 1, poneos cómodos y reproducid la sesión mientras os dejáis hipnotizar (mediante la cinta).

Al día siguiente grabaréis la sesión 2 y os dejaréis hipnotizar escuchándola. El próximo día procederéis del mismo modo con la sesión 3, luego con la 4, y así hasta llegar a la sexta sesión. Después de escuchar todas las sesiones grabadas, habréis alcanzado vuestro objetivo de aprender a resolver el problema y al mismo tiempo habréis aprendido un simple ejercicio de autohipnosis.

No es necesario realizar las seis sesiones en seis días consecutivos, podéis dejar pasar una semana entre cada sesión. Sin embargo, si se deja pasar un periodo más prolongado que una semana, las sugestiones residuales poshipnóticas tienden a debilitarse e incluso pueden llegar a no ser efectivas.

En este acercamiento al programa de seis sesiones, cuyo objetivo es resolver un problema determinado no debéis realizar más de una sesión diaria. La mente requiere tiempo para asimilar una sesión y actuar en consecuencia antes de imponerle una nueva sesión.

Si vuestro problema no es el control de la dieta, utilizad el mismo método que acabamos de describir pero enfocado hacia el problema en cuestión. Existen en este libro una enorme cantidad de ejemplos y de indicaciones que os ayudarán a introducir vuestras propias modificaciones. Si el problema es el hábito de fumar, deberíais decir: «No me apetecerá fumar», en lugar de: «No tengo ganas de comer chocolate.»

Caso 2

Supongamos que actualmente no es vuestro objetivo resolver ningún problema en especial, sino que simplemente deseáis conocer y dominar la técnica de la autohipnosis para emplearla en el momento que sea necesario.

En este caso, utilizaréis la grabación para hipnotizaros durante el periodo inicial del aprendizaje. Os aconsejo que a continuación grabéis los siguientes seis pasos:

1. El primer día, grabad y escuchad la sesión 1 en su totalidad (véase el capítulo 2.).

Grabad las siguientes indicaciones para la primera sesión con el ritmo adecuado:

Estás comenzando a aprender cómo hipnotizarte a ti mismo para alcanzar cualquier objetivo que pueda merecer la pena en el futuro.

Cada vez que escuches tu voz grabada en la cinta, responderás a las instrucciones y sugerencias con una eficacia cada vez mayor.

Cada vez que practiques la autohipnosis, te resultará un poco más fácil que la última vez y el proceso será más rápido.

Pronto serás capaz de practicar eficazmente la autohipnosis sin la ayuda de una grabación.

2. El segundo día, grabad y escuchad los ejercicios A, B, C, D, E, F, G y H, en este mismo orden. A continuación del ejercicio H grabaréis lo siguiente:

Ya has aprendido a relajar tu mente y tu cuerpo. En el futuro lo único que necesitarás para relajar tu cuerpo y tu mente es simplemente cerrar los ojos y contar hacia atrás de 10 al 1, o de 5 a 1, o de 3 a 1, visualizando cada número al mismo tiempo que piensas en él.

Estás aprendiendo la técnica de la autohipnosis que podrás practicar en cualquier momento y lugar para alcanzar cualquier objetivo que te propongas.

3. El tercer día, grabad y escuchad los ejercicios A, B, I y U, en este mismo orden. A continuación grabaréis lo siguiente:

Esta habitación es un sitio muy idóneo para practicar la autohipnosis. Aquí puedes hacer todo lo que te propongas. Puedes crear tu propia realidad. Puedes traer a quien desees, simplemente pidiéndole que lo haga. Puedes consultar algo con cualquier persona o simplemente conversar con ella. Aquí están a tu disposición los recursos de la inteligencia universal. Puedes resolver problemas, formular preguntas, practicar cualquier técnica o decir un discurso cualquiera, deshacerte de hábitos perjudiciales y adoptar nuevos hábitos beneficiosos para ti, planificar y programar metas, buscar inspiración e ideas, consultar con el creador a través de plegarias. No hay límites en esta habitación para lo que desees conseguir. Es tu propio espacio privado en el interior de tu mente. Es tu reino mágico. Es tu propio imperio y desde él dominas tu vida.

Ahora voy a dejar de hablar. Permanece en tu habitación todo el tiempo que deseas, y cuando estés preparado para abandonarla, puedes contar lentamente del 1 al 5 y abrir los ojos al terminar.

NOTA: En este punto no debéis distraeros, de modo que dejad que la cinta en blanco avance hasta que se desconecte automáticamente al llegar al final. Vosotros permaneceréis en la habitación hasta que decidáis que es hora de marcharos, practicando cualquier tipo de programación y contando del uno al cinco cuando hayáis terminado.

4. El cuarto día, grabad y escuchad lo siguiente:

Siéntate cómodamente en tu silla con la cabeza derecha. Desliza tus ojos hacia arriba y centra tu atención en un punto u objeto que se halle en tu línea de visión y que esté lo suficientemente alto como para sentir una fuerte tensión en los ojos, aproximadamente en un ángulo de cuarenta y cinco grados con respecta a tus ojos.

Mantén los ojos abiertos y fijos en ese punto. Respira en profundidad y, mientras exhalas el aire, pronuncia mentalmente el número 5 tres veces.

Ahora cierra los ojos y relájate.

Respira una vez más profundamente y mientras exhalas, pronuncia mentalmente y visualiza el número 4 tres veces.

Respira una vez más profundamente y, mientras exhalas, pronuncia mentalmente y visualiza el número 3 tres veces.

Respira una vez más profundamente y, mientras exhalas, pronuncia mentalmente y visualiza el número 2 tres veces.

Una vez más, respira profundamente mientras pronuncias mentalmente y visualizas el número 1 tres veces.

Mientras sigues relajándote cada vez más, repite mentalmente las siguientes indicaciones mientras yo las pronuncio:

«Ahora he llegado a dominar la autohipnosis.»

«Puedo utilizarla en cualquier momento y lugar que desee y con el fin de alcanzar cualquier meta que merezca la pena.»

«En el futuro, todo lo que necesito para alcanzar niveles de hipnosis de esta profundidad o incluso aún más profundos es cerrar los ojos contar lentamente 3... 2... 1 mientras exhalo el aire de mis pulmones. En ese momento puedo programar mi mente para cualquier propósito que quiera conseguir. Puedo acudir a mi habitación privada simplemente visualizando mi escalera, bajando por ella, abriendo mi puerta y entrando a mi habitación en la que puedo programarme para alcanzar cualquier objetivo que me proponga. »

5. El quinto día, grabad y escuchad lo siguiente:

Cierra tus ojos, respira profundamente y, mientras exhalas el aire, cuenta tres y visualiza el número 3, cuenta dos y visualiza el número 2, cuenta uno y visualiza el número 1.

Respira profundamente y continúa relajándote.

Ahora visualiza tu escalera, baja por ella y entra en tu habitación.

(No grabéis nada en la cinta durante diez segundos para daros tiempo de entrar en la habitación).

Ahora estás dentro de la habitación. A partir de este momento puedes entrar en estado de autohipnosis simplemente cerrando los ojos, respirando profundamente y contando mentalmente de 3 a 1 mientras visualizas los números. En este momento puedes llevar a cabo cualquier programación que desees.

Para realizar experiencias o programaciones de gran intensidad, puedes ir a tu habitación simplemente visualizando la escalera y descendiendo mentalmente por ella hasta la habitación.

A partir de ahora puedes despertarte en el momento que lo desees por el mero hecho de desearlo y abriendo los ojos.

Ya no necesitas la grabación para entrar o salir del estado de autohipnosis. Lo puedes hacer por tus propios medios cuando lo desees. De cualquier modo, siempre que así lo decidas podrás utilizar la cinta para una sesión especial de programación, pero ya no dependes de ella.

Ahora voy a dejar de hablar. Tú puedes abrir los ojos y despertarte cuando gustes.

6. El sexto día (y de aquí en adelante) ya no necesitaréis la grabación. Podéis hacer mentalmente la cuenta atrás 3... 2... 1 y luego visualizar la escalera, bajar por ella y entrar en la habitación. Podéis permanecer allí todo el tiempo que lo deseéis para realizar la programación. Abrid los ojos cuando terminéis la sesión. Si deseáis despertaros más lentamente, contad

del 1 al 5, y abrid vuestros ojos al contar 5. Yo acostumbro a contar del 1 al 5 la mayor parte de las veces que practico el ejercicio porque llego realmente a un nivel muy profundo de los estados alfa y teta.

NOTA: En estas sesiones de autohipnosis es posible hacer más de una al día, pero no debe pasar más de una semana entre las sesiones; si así sucediera, debéis comenzar nuevamente desde el principio para conseguir mejores resultados. También es posible que deseéis recordar los textos grabados de vez en cuando, aunque hayáis progresado lo suficiente como ya no necesitar la grabación. Ésta es una forma de recargar las baterías. También puede darse la posibilidad de que se os ocurra crear nuevas grabaciones para determinados objetivos.

Caso 3

Es posible obtener los mismos resultados aunque no dispongáis de una grabadora, ya sea porque no tenéis el dinero para comprarla o simplemente porque no os apetece; sin embargo, el procedimiento será un poco más prolongado.

Si éste fuera el caso, debéis llevar a cabo el procedimiento indicado para el Caso 2 pero sin utilizar una grabadora. Esto implica memorizar el texto e impartiros mentalmente las instrucciones mientras las escucháis y os relajáis.

No es sencillo memorizar las instrucciones. La parte de la mente que se hace cargo de memorizarlas tiende a fluir hacia el estado beta para realizar su trabajo. La parte de la mente que tiene que responder a las indicaciones y sumergirse en un estado de autohipnosis debe dirigirse al estado alfa para conseguirlo.

Como resultado, la frecuencia de las ondas cerebrales tienden a vacilar entre alfa y beta, y esto simplemente significa que cada sesión será algo menos efectiva que si utilizarais una grabación. Por lo tanto, será necesario repetir estas sesiones un mayor número de veces para conseguir resultados satisfactorios. Pero, de cualquier modo, funcionará; sólo tenéis que perseverar en la tarea.

USOS DE LA AUTOHIPNOSIS

Vuestra mente subconsciente es como un sirviente obediente, y hará todo lo que se le pida. El subconsciente no razona, simplemente actúa. Si no le dais instrucciones, la mente subconsciente hará lo que dejéis que otros le ordenen. Si no establecéis una buena autoimagen en vuestra mente y dejáis que otros impriman en vuestra mente que no sois personas valiosas, entonces os convertiréis en ello. ¿Por qué se etiqueta de «malo» a un niño? Quizá porque los padres, maestros, compañeros y otras personas lo han castigado diciéndole: «¡Eres un niño malo!» cuando el niño se expresaba de una forma que no creían conveniente. Si en un determinado momento un niño se comporta de una manera inaceptable, esto no significa que el niño sea un ser humano inaceptable, sin embargo el niño ignora esto y, al recibir ese mensaje de los adultos, su mente queda programada con la frase «Eres una persona inaceptable», y con ello se ha conseguido perjudicarlo enormemente.

Por fortuna, la hipnosis puede reparar este daño.

Si tenéis una imagen pobre de vosotros mismos, podéis utilizar la autohipnosis para mejorarla y cambiarla por la imagen que anheláis.

Si queréis deshaceros de un hábito que os perjudica —como por ejemplo dejar de fumar, de tartamudear o de mentir—podéis hacerlo mediante la autohipnosis.

También es posible mejorar las propias capacidades. Si tenéis que dar una conferencia, podéis hacerlo en casa en estado de autohipnosis el día anterior. De este modo perfeccionaréis vuestro discurso y lo expondréis tal y como lo hayáis programado previamente.

Si el objetivo es resolver problemas, obtened información y consejo de la inteligencia cósmica invocándola. Si Mahatma Gandi es vuestro héroe, traedlo hasta vuestra habitación y pedidle consejo. Suena como de ficción científica, pero no lo es (véase el capítulo 13).

Mediante la autohipnosis conseguiréis eliminar el dolor, promover la curación, mantener la salud, vivir más y mejor.

También lograréis establecer contacto con vuestro ser superior—vuestro ser espiritual—ese ser que todo lo sabe.

Estableced vuestros objetivos y luego disfrutad de la vida cuando la mente los convierte en realidad.

Cuando era niño tenía dos deseos para cuando fuera mayor. Uno era que me dejaría el bigote y el otro que quería ser escritor profesional. He mantenido fielmente desde entonces esos dos sueños, esas imágenes. Aunque en aquel momento lo ignoraba, me estaba comprometiendo en un proceso de autohipnosis. He usado bigote desde que tengo diecinueve años (eones atrás) y he sido escritor profesional desde 1963. Como adulto, tengo otros sueños y metas. Algunos se han materializado (como ser hipnotizador profesional, por ejemplo). Otros están en proceso y, con la excitación de un niño, observo cómo se desarrollan los acontecimientos.

Vosotros también podéis hacer que vuestros sueños se conviertan en realidad practicando la autohipnosis metódicamente cada día. Ahora sabéis cómo hacerlo.

CAPÍTULO 12

Aplicaciones prácticas

HASTA AQUÍ OS hemos ofrecido la información necesaria para practicar la hipnosis y la autohipnosis con el fin de alcanzar cualquier meta que os propongáis. Habéis aprendido un programa efectivo para el control de la dieta y habéis recibido instrucciones para crear otro tipo de programaciones. Pero, incluso en este punto, muchos lectores pueden aún albergar alguna duda acerca de cómo poner en práctica un programa para utilizar en una situación específica.

Aunque un solo libro no puede contener la enorme cantidad de situaciones que existen, en este capítulo ofreceremos instrucciones detalladas para un amplio espectro de casos. A partir de estos ejemplos, podréis llegar a realizar lo que realmente os propongáis.

TRABAJANDO CON UN COMPAÑERO

Algunas personas prefieren trabajar acompañadas. Es posible que haya quienes no se sientan cómodos al escuchar su propia vez en la cinta. Para aquellos que se encuentren en esa situación, es recomendable trabajar con un compañero.

(Debo aclarar que a muchas personas les resulta extraño escuchar la propia voz grabada, pero en cuanto os acostumbréis os beneficiaréis enormemente de las sesiones de autohipnosis grabadas por vosotros mismos.)

Dos ventajas de las que podéis beneficiaros al trabajar con un compañero son: la posibilidad de practicar la autohipnosis en cualquier momento sin tener que coordinar horarios con otra persona y además trabajar situaciones muy íntimas. Cuando se trabaja con un compañero existen otras dos ventajas: No es preciso que preparéis las grabaciones (el compañero leerá las instrucciones para vosotros, y luego vosotros las leeréis para él; de este modo practicáis como hipnotizadores y como sujetos) y, por añadidura, dos cabezas a menudo son mejor que una para decidir cuál es el mejor método para abordar diferentes situaciones.

Cualquiera de los dos procedimientos conducirá a excelentes resultados. La mayoría de la gente termina por emplear ambos.

Al elegir un compañero, debéis elegir a alguien que esté verdaderamente interesado en la hipnosis y en su propio crecimiento personal, tal como lo estáis vosotros. Elegid a una persona sensible y respetuosa, que no sea un charlatán que no pueda remediar contarle a todo el mundo que utilizáis la autohipnosis a los treinta y cinco años con el fin de controlar eyaculaciones nocturnas.

El compañero elegido puede ser la propia pareja, un hermano, uno de los padres, un amigo, un socio—es decir, cualquier persona en la que confiéis plenamente y con la que tengáis una buena relación.

Clubes de hipnosis

Un club de hipnosis es el estado final del sistema del compañero. Es un club en el que se reúne un grupo de personas que comparte el interés por la hipnosis y la practican juntos para ayudarse a resolver problemas. Es muy divertido, y es posible aprender mucho de una forma muy rápida.

Los miembros de un club de hipnosis pueden ayudarse a ganar autoestima, amor y confianza, a liberarse de un dolor, a gozar de mayor energía y entusiasmo, a mejorar su salud física y mental y a controlar el estrés y la depresión.

También pueden ser de gran ayuda mutua para controlar el estrés y aprender a relajarse, así como eliminar el aburrimiento y la desazón diaria. Mediante el apoyo mutuo, pueden conseguir que sus capacidades creativas innatas se pongan en movimiento, que las relaciones familiares sean más fáciles y efectivas y que cada individuo tenga un mayor respeto por sí mismo.

Los estudiantes que sean miembros de un club de hipnosis lograrán mejorar su memoria, tendrán más éxitos con sus exámenes, desarrollarán la auto confianza y la autodisciplina, mejorarán sus capacidades atléticas e intelectuales y podrán solucionar cualquier confusión y frustración.

Un club de hipnosis puede ser formal o informal. Un club formal creará unos estatutos, impondrá ciertos requisitos a los socios, cobrará las cintas grabadas y los libros y establecerá los horarios para las reuniones, así como el espacio físico donde se llevarán a cabo. Un club informal incluirá a todos los miembros que se comprometan a reunirse un día determinado. Cada miembro traerá su copia de Hipnosis para principiantes y desempeñará el papel de hipnotizador y de sujeto alternativamente con el fin de encontrar solución a sus problemas. Incluso pueden ensayar nuevos métodos y experimentar.

Lo maravilloso de un club de hipnosis es que es imposible obtener malos resultados. Frecuentemente, los miembros consiguen lo que esperaban. De todos modos, si el sujeto no colabora, o si el operador no está suficientemente capacitado, es probable que no se llegue a alcanzar los objetivos deseados. Recordad que la hipnosis es un proceso de aprendizaje que requiere mucha práctica, de modo que es preciso ser pacientes cuando las cosas no funcionan como se esperaba. No hay forma de perjudicar a otros miembros si se tiene en cuenta las directrices y las advertencias presentes en este libro.

Los clubes y grupos de hipnosis representan un método excelente para ayudarse mutuamente a mejorar las propias capacidades. Los miembros se benefician al ayudar a otros y al ser ayudados por ellos.

No deberíais dejar pasar la oportunidad de formar un grupo de hipnosis con vuestra propia familia, ya que es una forma maravillosa de potenciar el amor y la comprensión.

Una regla para cualquier grupo, ya sea formal, informal o un grupo familiar, es atenerse a una programación. Si el grupo lo desea, puede reunirse cada día, pero los miembros no lo deben sentir como una imposición. Es aconsejable realizar una reunión semanal, evitando un horario y dejando que suceda espontáneamente. Disciplinar la mente para crear los milagros que deseamos materializar requiere perseverancia. En ningún caso deberíais reuniros menos de una vez cada dos semanas ya que los efectos residuales de la sugestión hipnótica se desvanecen al cabo de una quincena.

También es aconsejable no cancelar ni posponer una reunión una vez concertada, pues puede convertirse en una costumbre que finalmente anulará los resultados. Es evidente que quizá en algún momento sea necesario cancelar una reunión, pero no debe convertirse en un hábito, porque al hacerlo se le dice claramente y a viva voz a la mente: «Mis objetivos no son importantes. Vuelve a programarlos», y eso es exactamente lo que hará vuestra mente, volver a programar las metas para que no os resulte posible ateneros a ellas.

La hipnosis es más—mucho más—que un mero conjunto de palabras para un método de relajación. Es un modo de vida, un medio de disfrutar al máximo de la vida, una técnica para crear y materializar la realidad que cada uno desea en el momento actual y en el futuro. Es un vehículo que podréis conducir durante toda la vida y que sólo se dirigirá adonde vosotros pretendáis llevarlo.

CONTROL DE HÁBITOS
Caso 1
Si deseáis controlar un cierto hábito y, simultáneamente, aprender la práctica de la autohipnosis, realizad el programa de seis sesiones para el control de la dieta expuesto en la Parte I introduciendo las siguientes modificaciones. Primero, eliminad todas las referencias e indicaciones específicas para la dieta. Segundo, agregad las referencias y directivas pertinentes para el hábito que pretendéis controlar.

Por ejemplo, si se desea eliminar la costumbre de morderse las uñas, durante la sesión 2 no visualizaréis un trozo de chocolate en vuestra boca, sino que lo sustituiréis por una uña que tiene un sabor muy desagradable.

Para obtener resultados satisfactorios, el sentido común debe prevalecer en todo momento.

Caso 2
Si ya habéis aprendido el procedimiento de autohipnosis entonces, en primer lugar, alterad vuestro estado de conciencia y luego impartiros todas las instrucciones apropiadas para el hábito que deseáis eliminar. Para el ejemplo de morderse las uñas, el texto sería aproximadamente así:

Me gusta como soy y estoy orgulloso de mi mismo.

Unas uñas mordidas, feas y romas no son compatibles con mi persona.

Cuando me lleve un dedo a la boca para morderme una uña, recordaré de inmediato que deseo tener unas uñas largas y hermosas que mejoren mi apariencia, y ya no me las morderé.

Es preciso emplear siempre el sentido común y ser creativos; de este modo encontraréis en todo momento las instrucciones adecuadas.

Caso 3

Si aún no habéis aprendido el ejercicio de autohipnosis y no tenéis el menor interés en aprenderlo ya que vuestro único objetivo es controlar un hábito determinado, realizad los siguientes ocho pasos. (Como alternativa a grabar cada uno de los pasos, podéis trabajar con un compañero.)

1. Grabad los ejercicios de hipnosis A, B, C, D, E F, I, G, U y V siguiendo este mismo orden.

2. Después del ejercicio V, grabad las instrucciones indicadas (para contar con ejemplos véase el caso 2 del capítulo 7).

3. A continuación grabad: Ahora no voy a pronunciar palabra alguna durante tres minutos para visualizar la meta deseada.

4. Dejad que corra la cinta durante tres minutos para tener el tiempo suficiente para visualizarse a sí mismo y a la meta que se desea alcanzar antes de recibir más instrucciones. En el caso del hábito de morderse las uñas, visualizad unas uñas largas, sanas y bonitas. La visualización debe ser completa y detallada. Es posible dedicar más de tres minutos a la visualización, cada sujeto puede elegir el periodo de tiempo que crea necesario. No existe un número mágico de minutos; la elección corresponde a cada persona. Si se trabaja con un compañero, éste debería decir: «Ahora voy a dejar de hablar durante tres minutos mientras tú visualizas.»Entonces simplemente permanecerá en silencio durante ese periodo de tiempo, o el que sea necesario, antes de continuar con las instrucciones restantes.

5. Grabad los ejercicios de hipnosis W y 1J. En el ejercicio W, eliminad las referencias al control de la dieta y sustituidlas por las que se adecuen al hábito que se desea controlar.

La cinta grabada deberá contener los siguientes datos: los ejercicios A, B, C, D, E, F, G, I, U y V; las sugerencias específicas para la auto-ayuda; una pausa de X minutos para la visualización, y los ejercicios W y 1J.

6. Cerrad los ojos y dejad correr la cinta para entrar en estado hipnótico. (Esto no es necesario si se trabaja con un compañero.)

7. Escuchad la cinta una vez cada mañana (o más a menudo) hasta deshaceros del problema que os preocupa. Si trabajáis con un compañero, éste deberá pronunciar el texto de los ejercicios para vosotros todos los días, y con esto se hace evidente que el uso de una cinta representa una gran ventaja.

8. Si el hábito eliminado tiende a recurrir, utilizad nuevamente la cinta diariamente hasta que vuelva a desaparecer. Normalmente no es necesario

repetir más de una vez el procedimiento después de haber abordado inicialmente el problema.

Para los otros usos descritos en este capítulo, sólo nombraremos los ejercicios e indicaciones tal como se ha hecho en el Caso 3, bajo la presunción de que el único interés del sujeto es resolver un problema específico a la mayor brevedad posible. Cualquiera sea la situación de la que se trate, es posible utilizar el propio procedimiento de autohipnosis (como en el Caso 2) o un procedimiento completo para aprender la autohipnosis (como en el Caso 1). También es posible trabajar con un compañero en cualquiera de las siguientes situaciones.

FOBIAS
Agorafobia
La definición del diccionario para la palabra agorafobia es «miedo mórbido de permanecer en un espacio abierto». Las personas afectadas por este tipo de fobia sienten pánico cuando se encuentran en espacios abiertos tal como supermercados, centros comerciales o parques, y generalmente permanecen en sus casas o en sus automóviles. En los casos graves, no llegan a salir de sus casas en ningún momento. Otros lograrán salir de sus hogares, pero únicamente en su propio coche. Si llevan a alguien en su coche, lo trasladan hasta su destino pero sin bajarse ellos mismos del vehículo. Algunos serán capaces de entrar en una tienda de comestibles en busca de un artículo indispensable y saldrán de la tienda en cuanto lo hayan comprado ante el terror de sufrir un ataque de pánico.

No hay ninguna necesidad de que estas personas padezcan ya que la hipnosis puede ayudarlos.

El procedimiento consta de siete pasos:

1. Grabad los ejercicios A, B, C, D, E, F, I, G, U, y V.

2. Grabad las siguientes instrucciones (o si lo deseáis, elaborad las vuestras):

Soy una persona capaz y estoy agradecido por estar vivo.

Mi Creador me ha dado el mundo entero para disfrutarlo y para usarlo en mi beneficio. Esto incluye los lugares pequeños y estrechos y también las grandes superficies y los espacios abiertos.

En la actualidad me estay comprometiendo conmigo mismo para disfrutar de toda la creación, especialmente de todos los espacios abiertos, de las grandes superficies, de las multitudes, de todo en general.

No debo sentir temor en un espacio abierto o en un lugar muy amplio porque el Creador me los ha brindado con amor para que los utilice y disfrute de ellos. Jamás me ofrecerá algo que me despierte temor.

Amo mi mundo, y pretendo utilizarlo completamente, disfrutarlo y aprender de él.

Agradezco a mi Creador por todo lo que me ha brindado.

3. Luego grabad lo siguiente:

Quiero que imagines que estás paseando por un enorme parque público. Estás solo, pero hay otras personas caminando por el parque. El día es tibio y soleado y sonríes. Te sientes a gusto y en paz con el mundo en general. Es un lugar muy espacioso y puedes mirar en todas las direcciones. Estás muy a gusto aquí, puedes escuchar el canto de los pájaros que llega desde las frondosas copas de los árboles. Ocasionalmente te cruzas con alguien que te sonríe y te dice: «Que tenga usted un hermoso día.» Le sonríes y le deseas también un buen día. El lugar es hermoso. El mundo es hermoso. No te sientes confinado. Puedes hacer exactamente lo que quieres y dirigirte hacia donde deseas. Una libertad total. Disfrutas de esta amplitud, de la paz que se respira y de la experiencia de estar aquí observando todos los acontecimientos que tienen lugar en este territorio. Llegas a una avenida y, al cruzarla, encuentras un centro comercial. Es un lugar enorme lleno de gente haciendo compras. ¡Qué sitio tan maravilloso! Entra a la primera tienda que encuentres y merodea en busca de algo que te guste para comprarlo. Esto es muy entretenido. Te divierte mezclarte entre toda esa gente que, como tú, están pasando un rato muy agradable. Tu sonrisa es tan intensa que podría no desvanecerse jamás. El mundo es hermoso. Ahora recoge lo que has comprado y vuelve a cruzar la avenida en dirección al parque. Ha sido un paseo muy placentero y deseas repetir la experiencia de salir a espacios amplios o abiertos con más frecuencia para beneficiarte de este maravilloso mundo en el que habitas.

NOTA: Es posible crear cualquier otra visualización con la condición de mantener la idea de disfrutar de los espacios amplios y abiertos que el Creador le ha ofrecido al sujeto para su propio beneficio.

4. Grabad los ejercicios W y 1J, eliminando las referencias a la dieta.

La cinta grabada deberá contener los siguientes datos: los ejercicios A, B, C, D, E, F, I, G, U y V; las sugerencias específicas para la autoayuda; las instrucciones para la visualización; y los ejercicios W y 1J.

5. Cerrad los ojos y dejad correr la cinta para entrar en estado hipnótico.

6. Escuchad la cinta al menos una vez cada mañana hasta deshaceros de vuestro problema.

7. Si el problema vuelve a aparecer, escuchad nuevamente la cinta hasta eliminarlo.

Claustrofobia

La definición del diccionario para el término claustrofobia es la siguiente: «Miedo mórbido a permanecer en sitios cerrados o estrechos.» Las personas que padecen esta afección sienten pánico al estar en lugares pequeños, estrechos o cerrados. Evitan entrar en armarios, colocarse algo sobre la cabeza y en ocasiones incluso temen viajar en autobús.

La hipnosis puede ser de gran utilidad para tratar todo tipo de fobias, entre ellas la claustrofobia.

Realizad el mismo procedimiento que explicamos para la agorafobia.

Las indicaciones para utilizar en el paso 2 son las siguientes:

Soy una persona capaz y estoy agradecido por estar vivo.

Mi Creador me ha dado el mundo entero para disfrutarlo y para usarlo en mi beneficio. Esto incluye las lugares pequeños y estrechos y también las grandes superficies y los espacios abiertos.

En la actualidad me estoy comprometiendo conmigo mismo para disfrutar de toda la creación, especialmente de todos los espacios estrechos, pequeños o encerrados, y de todo en general...

No debo sentir temor en espacios pequeños, cerrados o estrechos porque el Creador me los ha brindado con amor para que los utilice y disfrute de ellos. Jamás me ofrecerá algo que me despierte temor.

Amo mi mundo y pretendo utilizarlo completamente, disfrutarlo y aprender de él.

Agradezco a mi Creador por todo lo que me ha brindado.

Las siguientes instrucciones se utilizan para la visualización del paso 3:

Quiero que imagines que te has metido en un armario en el que guardas libros, revistas y fotografías. El armario tiene luz y la enciendes. Es un armario pequeño para guardar tu literatura privada. Has entrado en este sitio para buscar tu libro favorito y pasar un día tranquilo y agradable leyendo. Una ráfaga de aire cierra la puerta del armario dejándote encerrado. En ese momento suena el teléfono en el salón. Escuchas el sonido del teléfono y te sonríes porque ya no tienes que atender la llamada y puedes disfrutar de ese día tranquilo que tanto deseas sin que te interrumpan. Aquí dentro hay espacio suficiente como para sentarse en el suelo cómodamente y dedicarse a la lectura. La idea de estar encerrado realmente te divierte porque tienes la excusa perfecta para no hacer otra cosa más que lo que te apetece hacer y que es leer y relajarte, mirando viejas fotografías y deleitándote con los recuerdos. Tienes por delante una tarde tranquila a salvo de intrusos y de interrupciones. Estás encantado. Sabes que la llave del armario está en tu bolsillo, pero harás caso omiso de ello. Simularás que te has quedado encerrado para poder disfrutar de tu soledad en ese espacio privado. Estar en un sitio estrecho te viene muy bien porque tus amigos, los libros y las fotos están cerca de ti y casi puedes sentir el calor de su presencia. ¡Qué tranquila y agradable manera de pasar el día! Desearías retirarte a tu diminuto espacio del armario de vez en cuando para disfrutar de estar a solas contigo mismo. Nunca habías advertido cuán acogedor y seguro puede ser un armario. Te sientes feliz

NOTA: Es posible crear cualquier otra visualización con la condición de mantener la idea de disfrutar de los espacios pequeños y estrechos que el Creador le ha ofrecido al sujeto para su propio beneficio.

Otras fobias

Se procederá del mismo modo que para las dos fobias descritas; sólo es preciso cambiar las indicaciones y las instrucciones para la visualización. Ambas deben ser expresadas con un sentido positivo: estar agradecido por lo que se posee y por lo que se es; sentir aprecio por uno mismo; disfrutar de todas las situaciones que previamente han causados problemas. Es aconsejable dejar que la mente se libere para crear visualizaciones poderosas y vívidas y con el fin de que la sugestión sea efectiva. No existe límite alguno para lo que se desee alcanzar, pero es preciso dedicarse con esmero a la tarea.

JUBILADOS

Muchos jubilados tienen una gran cantidad de problemas. Han quedado relegados del mercado de trabajo y a menudo se sienten inútiles. El proceso de envejecimiento implica dolores y debilidades físicas que los frustran porque les impiden disfrutar más de la vida. Sus ingresos son limitados, con frecuencia incluso llegan a niveles de pobreza. Desean hacer algo constructivo, pero tienen dificultades para encontrar una ocupación. Sus hijos han crecido y tienen sus propios problemas, y ellos se sienten un poco abandonados. Necesitan compañía, pero no saben dónde buscarla. Su autoestima se deteriora y caen en estados depresivos.

Obviamente existen jubilados que no sufren de este tipo de problemas, pero la realidad es que hay muchos que tienen que afrontar todos estas dificultades. No hay motivo para que una persona de cualquier edad no disfrute de la vida al máximo. La hipnosis puede ser de gran ayuda.

Seguid las mismas instrucciones que para las situaciones anteriormente descritas en este mismo capítulo.

1. Repase los ejercicios de hipnosis A, B, C, D, E, F, I, G y V.

2. Repase las indicaciones específicas para cada situación. Puede utilizar las siguientes ideas:

Soy una persona capaz y agradezco estar vivo.

Me siento feliz de tener la edad que tengo porque me los he ganado gracias a mis experiencias y vida pasadas.

Estoy muy a gusto con los años que tengo porque soy mucho más sabio y tengo más experiencia que nunca.

Tengo muchos recuerdos agradables con los que me deleito en muchos momentos.

Existen muchas cosas que vale la pena realizar, y estoy aprendiendo a hacer muchas más, utilizando mi mente para crear la realidad que deseo tener.

Ordeno a mi mente creativa que me proporcione ideas y pensamientos que me enriquezcan cada vez más.

Ordeno a mi mente que me dé la fortaleza física necesaria para vivir cada día con más gozo y con más capacidad para conseguir mis propósitos.

Agradezco a mi Creador por la vida y por el estado de mi vida.

Le pido iluminación interior para utilizar mis habilidades innatas con el fin de beneficiarme de ellas y ayudar a los demás.

Agradezco a mi Creador por todo lo que me ha dado.

Disfruto de la compañía de otras personas, pero también cuando estoy a solas.

Tengo el control de mi propia vida, y acepto la responsabilidad de cuidar de mí mismo con toda mi capacidad.

3. Grabad las instrucciones adecuadas para la situación específica que tenéis en mente con el fin de realizar el ejercicio de visualización. Una de las técnicas que podéis utilizar es la del Viaje a la Playa que describimos en el capítulo 10, ya que es un ejercicio especialmente efectivo. Mientras os encontráis en la playa, visualizaros a vosotros mismos haciendo cualquier cosa que os resulte placentera.

4. Grabad y reproducid los ejercicios W y 1J, eliminado las referencias a la dieta.

5. Relajaos y escuchad la cinta, cayendo en estado hipnótico.

6. Escuchad diariamente la cinta, al menos una vez, hasta que desaparezcan los problemas.

7. Si el problema vuelve a presentarse, recurrid nuevamente a la cinta hasta que desaparezca completamente.

Yo mismo soy ahora un jubilado y he experimentado lo que significa ser relegado del mercado laboral prematuramente. Por fortuna, mi mujer y yo hemos sido previsores y no nos hemos quedado en una situación precaria. De cualquier modo, yo aún tuve que seguir trabajando porque, debido a la edad que ambos teníamos, no nos correspondía la seguridad social. (Sin embargo, por mi edad a nadie le interesaba contratarme; y ésta es una situación muy común.) Si no lograba encontrar trabajo en un periodo de tiempo razonable, atravesaríamos una situación un tanto crítica. ¿Qué es lo que hice para encontrar trabajo? En primer lugar, consideré todo lo que era capaz de hacer y que no tuviera impedimento alguno por la edad. Ésta es la lista que escribí:

Soy un magnífico escritor.

Soy un excelente hipnotizador.

Soy un buen astrólogo.

Soy un buen conferenciante y profesor.

Me encanta hacer todas estas cosas.

Utilizando la autohipnosis, establecí mis metas y las hice realidad. Los resultados fueron los siguientes:

Hasta que llegué a la edad de jubilarme me gané cómodamente la vida escribiendo artículos técnicos para diversas empresas.

Escribí una serie de libros sobre astrología, hipnosis, crecimiento personal y desarrollo psíquico que fueron publicados con éxito.

Compré cinco villas compartidas en Cancún, Méjico, adonde podemos ir de vacaciones varias veces al año por el resto de nuestras vidas.

Disfruto de buena salud porque me he programado mediante la autohipnosis.

Mi esposa y yo somos ahora jubilados y seguimos escribiendo y ofreciendo conferencias, pero con una agenda mucho más limitada.

Tengo una vida plena de libertad, goce y éxito, y todo esto gracias a que utilizo mi estado alterado de conciencia a través de la autohipnosis y de la práctica psíquica (el siguiente paso después de la hipnosis).

Vosotros podéis conseguir lo mismo que he conseguido yo o aún más. Con toda seguridad, gozáis al menos de una habilidad que podéis capitalizar, y probablemente habrá más de una. Es preciso que empecéis a usar la cabeza, vuestro estado alterado de conciencia y vuestra mente creativa, y que logréis que vuestra vida se llene de buenos momentos. No debéis depender de otros. Confiad en vosotros mismos. Podéis lograrlo. Este libro os brinda la clave, pero deberéis utilizar la llave para abrir vuestras propias puertas hacia un futuro prometedor.

Los familiares de los jubilados

Con frecuencia, los familiares de un jubilado se sienten agobiados por tener que atenderlo, o se sienten culpables por no ayudarlo más, o piensan que esta persona es una carga. Existen muchas razones para que la familia se sienta estresada, y la autohipnosis puede ser muy útil para encontrar soluciones a estos conflictos.

Se debe utilizar el mismo procedimiento general que ya hemos descrito detalladamente en este capítulo.

Los procedimientos de inducción a la hipnosis son de gran utilidad para disolver las tensiones y el estrés. En el paso 2, incluid sugerencias amables y positivas para vosotros mismos y para la persona mayor en cuestión:

Soy una persona capaz, y me siento agradecido de estar vivo.

(Nombre del jubilado) es una persona valiosa, y agradezco tener relación con ella y amarla.

Expresaré mi amor y mi aprecio por (nombre de la persona mayor) todos los días, escuchándolo/a más atentamente y tratándolo/a con más gentileza y respeto.

Lo/a dejaré ser independiente y no intentaré imponerle mis ideas y deseos.

Lo/a estimularé para que realice cualquier actividad que le proporcione placer y que lo/a beneficie.

Para la visualización del paso 3, utilizad el viaje a la playa descrito en el capítulo 10. Mientras os encontréis en la playa, visualizaros charlando alegremente o realizando juntos alguna actividad.

Recordad que las personas mayores son muy sabias y tienen muchas experiencias para compartir, si les dais la oportunidad. Vosotros os beneficiaréis de sus consejos y ellos mejorarán su autoestima.

PERSONAS CONFINADAS EN EL INTERIOR

Son personas confinadas completa o predominantemente en una casa o en una institución. Algunos de ellos están postrados en una cama o en sillas de ruedas. Hay quienes tienen los movimientos restringidos, como los prisioneros; otros están encerrados temporalmente debido a malas condiciones climáticas, y también existen las personas que carecen de empleo y que tienen una enorme cantidad de tiempo libre.

Todos ellos tienen una gran oportunidad en sus manos: el tiempo. El tiempo puede jugar a favor o en contra, según lo que elijamos.

Este libro os enseña a encontrar tiempo para vosotros. Cualquiera puede mejorar sus circunstancias si decide hacerlo. Cualquier persona que se encuentre confinada tiene mucho tiempo libre para dedicarse a sí misma: empezad ahora mismo. Al contar con el tiempo, disfrutáis de una enorme ventaja en relación con quienes tienen muy poco tiempo libre para dedicar a su crecimiento personal.

Aprended la técnica de autohipnosis y practicadla varias veces al día hasta ser un experto. Podéis hacerlo en un tiempo récord porque disponéis de mucho tiempo libre.

He aquí algunas sugerencias para corregir cualquier problema físico que podáis tener, mejorar vuestra autoimagen y vuestra actitud mental y descubrir y utilizar vuestros talentos ocultos (por ejemplo, estando en la cama es posible escribir, pintar, contestar un servicio de llamadas telefónicas o hacer recados por teléfono).

Algunas instrucciones aconsejables para el paso 2 son:

Soy una persona valiosa, y agradezco estar vivo.

Me estoy comprometiendo conmigo mismo para descubrir y utilizar todas las facultades que poseo.

Dirijo todas mis energías curativas innatas para mi (parte del cuerpo que esté dolorida) y me curaré cien veces más rápido de lo normal.

Disfruto de la vida, y cada día aprendo a disfrutar un poco más.

Estoy consiguiendo eliminar los obstáculos que se presentan en mi camino.

Envío mi amor a todos aquellos que han sido amables conmigo.

Perdono a quienes no me han tratado cordialmente y también les envío mi amor.

Me perdono por todas las transgresiones pasadas.

He aquí algunas ideas para la visualización del paso 3:

Utilizad el ejercicio del Viaje a la Playa (capítulo 10) para enviar vuestro amor y vuestra indulgencia y para crear un futuro promisorio para vosotros mismos.

Visualizaros activamente comprometidos en la meta de conseguir un trabajo o un hobby que os guste hacer. Visualizaros felices, energéticos y sanos.

Discapacitados

Leed la sección anterior porque todo lo que se incluye en ella se puede aplicar a vuestro caso. Además, quizás gocéis de capacidades adicionales al tener algún tipo de movilidad, y esto se traduce en una mayor oportunidad para conseguir trabajo o para dedicaros a alguna afición. Ejercitad vuestra imaginación. Utilizad la autohipnosis para ganar una consciencia que os permita ampliar vuestros horizontes. Este procedimiento es realmente efectivo.

Una sugerencia adicional para el paso 2:

Me sobrepondré rápidamente a mi temporal discapacidad y aprenderé a vivir más plena y satisfactoriamente.

NOTA: Emplead la palabra «temporal», y aunque los médicos o cualquier otra persona consideren que vuestro estado es permanente, nunca aceptéis que ésa es vuestra realidad. Pueden haber juzgado correctamente la situación, pero también vosotros sois capaces de expresar vuestra mejor opinión. Después de todo, se trata de vuestra vida. Emplead la hipnosis y disfrutad de la vida dentro de las limitaciones de vuestra situación actual, pero nunca os rindáis ante ella. Luchad siempre por mejorar. Si no notáis ningún progreso por la razón que sea, todo estará bien en la medida que sigáis empeñados en conseguirlo, porque al hacerlo estáis enriqueciendo vuestra vida en alguna forma. Los únicos que fracasan son quienes se rinden. Cread vuestras propias sugerencias adicionales.

Una idea adicional para el paso 3 es la siguiente:

Crea tu situación laboral ideal con todos los detalles posibles. Visualízate obteniendo éxito. Visualízate interactuando perfectamente con otras personas. Obsérvate mientras realizas correctamente tu trabajo. Y luego debes decirte: Ésta es mi nueva realidad y ordeno a mi mente superior que se manifieste en el mundo físico.

Prisioneros

Lograd que vuestro tiempo trabaje para vosotros aprendiendo la práctica de la autohipnosis y creando una vida nueva y placentera. Para hacerlo se requiere perseverancia y tiempo; haced que sea posible. Son muchas las cosas que debéis resolver, incluidas la culpa y la indulgencia, la disposición, la autoestima, el entusiasmo, la fe en la propia persona, el control de sí mismo, la responsabilidad, los derechos propios y los de los demás.

A continuación una serie de instrucciones para el paso 2:

Acepto la responsabilidad de ser quien soy y de todo lo que he hecho y haré en el futuro.

Me comprometo a comportarme de una manera responsable como un ciudadano del Universo.

Soy una persona valiosa, y agradezco estar vivo.

Tengo la intención de usar el resto de mi vida tranquila y gozosamente.

Prometo actuar con honradez y distinción y con absoluta integridad en todos mis empeños actuales y futuros.

Me perdono por todos los errores de juicio y de comportamiento y estoy decidido a actuar cada vez mejor.

Perdono sin reservas a quienes han cometido errores de juicio o de comportamiento.

Ordeno a mi mente superior que me brinde la consciencia y la capacidad necesarias para crear una vida mejor para mí mismo y para los demás.

He aquí algunas ideas para la visualización del paso 3:

Utilizad el ejercicio del Viaje a la Playa (véase el capítulo 10) para enviar indulgencia y amor y también para cerrar la puerta del pasado y abrir la puerta del futuro. Cuando estéis en la playa frente al mar de la vida, la puerta del pasado está a vuestra derecha y la del futuro a la izquierda. Acercaros a la puerta del pasado, cerradla con llave y arrojad la llave al mar, de donde ya no podréis recuperarla. Luego acercaros a la puerta del futuro, abridla al máximo y guardad la llave en vuestro bolsillo (de este modo conservaréis la llave de vuestro futuro). Mirad el futuro a través de la puerta y visualizaros como os gustaría ser.

Visualizaros estrechando la mano del carcelero y alejándoos de la prisión como si fuerais una persona libre.

Visualizaros en una entrevista para obtener un puesto de trabajo de la que salís victoriosos. Observaros desempeñando el trabajo conseguido.

Aunque aún estéis en la cárcel, visualizaros en una buena relación con los otros reclusos y con los funcionarios de la prisión. Visualizaros como una persona respetada por todos.

Si no disponéis de una grabadora y cintas, será necesario que memoricéis los procedimiento y repetirlos mentalmente. Esto lleva más tiempo, pero vosotros disponéis de él. ¡Buena suerte!

101

Desazón debida al mal tiempo

Tener que permanecer en casa debido al mal tiempo es una bendición enmascarada. En vez de gruñir porque os sentís encerrados, deberíais estar contentos. En primer lugar, todas las condiciones climáticas son necesarias aunque no os deis cuenta de ello, y en segundo lugar, ésta es una excusa perfecta para usar ese tiempo en vuestro propio provecho con el fin de enriquecer vuestro modo de vida a través de la autohipnosis.

Algunas indicaciones para el paso 2:

Soy una persona valiosa, y agradezco estar vivo y encontrarme exactamente donde estoy en este momento.

Estimo la oportunidad de mejorar mi vida mediante la autohipnosis.

El mal tiempo que hace hoy es necesario por alguna razón y me alegro por ello.

Trabajad en vuestro crecimiento personal impartiéndoos sugerencias para cualquier situación que tengáis en mente, ya sea mejorar vuestra forma de jugar al bridge o vuestras relaciones con familiares o vecinos; buscar un trabajo o gozar de buena salud.

Las visualizaciones para el paso 3 pueden ser cualquiera de las que ya hemos mencionado o algo nuevo. Dejad que vuestra mente vuele libremente y visualizaros siempre contentos y con éxito.

Parados

Visualizad una entrevista de trabajo en la que conseguís el puesto deseado. Luego visualizaros contentos y desempeñando perfectamente el nuevo trabajo que habéis elegido.

CONTROL DEL DOLOR

Existen diferentes tipos de dolor: jaquecas; dolores persistentes y crónicos, tal como el que produce la artritis o un constante dolor de espalda; agudos, que son generalmente de corta duración, como el de una herida, una quemadura o un golpe en un dedo del pie; y el dolor producido por diversas enfermedades que pueden ser breves o prolongados. La hipnosis puede aliviar o reducir enormemente cualquiera de estos dolores.

Para controlar el dolor, es preciso en primer lugar aprender la técnica de la autohipnosis y practicarla diariamente, aunque sólo sea unos pocos minutos. De este modo, al sentir un dolor podréis alterar vuestro estado de conciencia y en unos pocos segundos aliviar o eliminar el dolor.

He aquí un ejemplo de lo que puede ocurrir si no conocéis el ejercicio de autohipnosis y dependéis únicamente de los procedimientos grabados en una cinta:

1. Os quemáis un dedo mientras estáis preparando la comida, y el dolor es intenso.

2. Buscáis vuestra grabadora.

3. Buscáis una cinta virgen.

4. Buscáis la copia de este libro para leer el procedimiento de inducción hipnótica.

5. Grabáis diez procedimientos de inducción, las instrucciones indicadas para «eliminar el dolor» y los ejercicios finales de hipnosis.

6. Rebobináis la cinta, os sentáis y la escucháis hasta caer en estado hipnótico.

Es una situación absurda; para el momento en que por fin estéis preparados para tratar el problema ya habrán pasado treinta minutos. Durante todo ese tiempo habéis tenido que aguantar el dolor de la quemadura; obviamente no es la forma más inteligente de abordar una emergencia mediante la hipnosis.

Lo apropiado para estos casos es conocer de antemano las instrucciones de memoria para poder solucionar el problema en unos pocos segundos, evitando así prolongar el sufrimiento que produce el dolor. Es aconsejable que leáis una vez más el caso de la herida en la barbilla, expuesto en el capítulo 9, para entender cómo se solucionan las situaciones de emergencia.

Si padecéis un dolor crónico como el que produce la artritis o las migrañas frecuentes, debéis preparar con anticipación una cinta para utilizarla cuando surja la necesidad.

La mejor manera de controlar todo tipo de dolor es memorizar el procedimiento de autohipnosis para poder utilizarlo en cualquier momento y lugar de forma instantánea.

Heridas y curación

La sección precedente se aplica también a las heridas y a su curación. Conociendo el procedimiento de autohipnosis de memoria también seréis capaces de ayudar a alguna otra persona con carácter inmediato si se presenta el caso. Nunca sabemos cuando se puede presentar una ocasión de ayudar a los demás (como en el caso de la pequeña que sufría de dolor de oídos que hemos narrado en el capítulo 9). A continuación contaré otro caso en el que tuve oportunidad de ayudar a una mujer que sufría un ataque de vértigo.

Mi mujer, Dee, y yo acostumbramos acudir a subastas de muebles, donde nos encontramos con algunas personas conocidas con quienes mantenemos relaciones ocasionales.

Estas subastas son caóticas. Docenas de personas corren de un lado a otro, mirando los artículos, hablando y atropellándose. Los empleados trasladan los muebles mientras solicitan a gritos a los compradores que se aparten de su camino.

En una de esas subastas, mi esposa encontró a una mujer con la que nos hablamos encontrado en otras ocasiones, sentada en un rincón de una de las habitaciones más caóticas. Normalmente esta mujer se movía con mucha energía y no dejaba de sonreír, pero en esta ocasión su rostro reflejaba que no se encontraba muy bien.

Dee se acercó a ella y le preguntó: «¿Mary te encuentras bien?»

«No», respondió la mujer. «Tengo un grave ataque de vértigo y he tenido que sentarme pues estaba a punto de caerme.» Le explicó que sufría de vértigo desde hacia muchos años; al principio habla logrado controlar los ataques con una medicación que ahora ya no era efectiva. Además de perder el equilibrio, se le nublaba la vista y se sentía mareada y con náuseas.

«Mi marido es hipnotizador», le comentó mi mujer. «¿Quieres que te ayude?»

«Estaría muy agradecida», contestó Mary.

Dee vino a buscarme y me explicó la situación.

«Mary», le dije, «¿me dejaría usted que la hipnotizara ahora mismo?» Su respuesta fue afirmativa de modo que permanecí de pie junto a ella y me incliné con el fin de que mi boca estuviera a escasos centímetros de su oreja derecha. Mi intención era dirigirme a ella en un tono de voz normal y que me entendiera a pesar del barullo y desorden que nos rodeaba.

Le pedí que cerrara los ojos, y comencé una cuenta atrás del diez al uno, a continuación hicimos un ejercicio de relajación desde la cabeza hasta los pies, y para finalizar, el ejercicio de la escalera (ejercicio U).

Mientras ella permanecía en su habitación durante el ejercicio U, la llené de una curativa luz blanca. Intensifiqué la luz entre los oídos (el vértigo se produce por un problema de oídos) y le comuniqué que esa luz había curado su vértigo. Luego la desperté contando de uno a cinco.

Me sonrió. «Me siento estupendamente bien», me dijo. El vértigo había desaparecido. Se puso de pie y disfrutó de lo que quedaba de la subasta.

Algunas semanas más tarde la encontramos otra vez y corrió hacia mí para decirme que ya no había vuelto a sufrir otro ataque de vértigo. Antes de la sesión de hipnosis tenía al menos varios ataques por semana, y en ocasiones incluso diariamente.

Como veis, es aconsejable aprender de memoria los ejercicios de hipnosis, al menos algunos de ellos. De este modo estaréis capacitados para ayudar a otras personas. Si tenéis un amigo postrado en la cama reponiéndose de una operación, preguntadle si desea que lo hipnoticéis, y si accede, lograréis acelerar su curación y aliviar el dolor y la incomodidad de su situación (volved a leer el caso de la herida en la barbilla descrito en el capítulo 9).

Si os encontráis ante una situación de emergencia, como por ejemplo un accidente de coche y la asistencia médica aún no ha llegado, podréis utilizar la hipnosis para aliviar el sufrimiento de los heridos. En este caso no debéis decir «Voy a hipnotizarte». Simplemente os acercaréis a la víctima y la abrigaréis con una manta o un abrigo. A menos que su vida corra un serio peligro, no debéis mover a un herido ya que podría ser perjudicial. Hablad con seguridad y con calma y decidle: «Le ayudaré a relajarse y a sentirse mejor hasta que llegue el médico. Escuche mi voz y siga mis instrucciones.» Luego practicad un procedimiento breve de relajación e indicad al herido que se sienta más cómodo y que tenga fuerzas para resistir hasta que llegue el médico. Este tipo de situaciones requieren que pensemos con rapidez y que improvisemos. Por este motivo es verdaderamente importante ser un experto en hipnosis; podéis ser de gran ayuda.

Una advertencia: Si colaboráis en un grave accidente, no debéis pronunciar nada que pueda preocupar a las personas afectadas. Por ejemplo, supongamos que os dice: «No siento mi pie derecho. ¿Está bien?» En ningún caso respondáis: «Está prácticamente amputado y no puedes sentirlo porque el accidente ha seccionado los nervios.» En lugar de esto, diréis algo así como por ejemplo: «No te preocupes por nada. Veo que estás bien. Cuando venga el médico se ocupará de todo, entretanto concéntrate en relajarte y en sentirte cada vez más cómodo.» Sólo una cosa más: si la víctima está perdiendo mucha sangre, debéis intentar detener la hemorragia mientras dialogáis con el herido en un tono suave y sereno para conseguir que se relaje.

LA HIPNOSIS APLICADA A PROBLEMAS LABORALES

La autohipnosis es extraordinariamente efectiva cuando se aplica a los problemas relacionados con el trabajo. Dentro del mundo empresarial encontramos personas con un alto grado de estrés, tendencia al alcoholismo (posiblemente como consecuencia del estrés) y una gran incidencia de problemas de salud como ataques cardiacos (una vez más debidos al estrés), absentismo, problemas de disposición frente al trabajo y rendimiento mediocre. Sin embargo, resulta paradójico que el mundo industrial y empresarial tienda a evitar deliberadamente la hipnosis como una herramienta que puede ser muy útil.

He trabajado como escritor de artículos técnicos para tres diferentes compañías en las que he observado todos los problemas mencionados. En cada ocasión expliqué a los administradores y ejecutivos más destacados de la empresa la importancia de la hipnosis para resolver o disminuir dichos problemas. Teniendo en cuenta que yo ya recibía una paga como escritor, sugerí que me permitieran dar una serie de seminarios para enseñar a algunos voluntarios a utilizar la autohipnosis. También me ofrecí a tratar cada caso de forma específica sin cobrar por estos servicios.

Invariablemente mi oferta fue rechazada. Un ejecutivo se excusó amablemente tratando de controlar la risa. Otro se comportó de un modo detestable, y el tercero simplemente me respondió con una negativa en un tono de voz alto e insolente.

Todos ellos demostraron ser muy poco sensatos. Su actitud frente a mi propuesta seguramente fue similar en relación con otras decisiones, ya que las tres compañías se presentaron en quiebra poco tiempo después de que finalizara mi contrato.

Si algún gerente, empresario o una persona influyente dentro del mundo empresarial lee este libro, le suplico que tome en cuenta el contenido del mismo para aplicarlo a sus negocios. La mayoría de los problemas laborales más importantes son problemas humanos, y la hipnosis es una herramienta muy útil para solucionarlos. La mejor forma de fracasar es dejar pasar la oportunidad. De modo que sed audaces y aprovechadla en esta ocasión por el bien de vuestros negocios y de todos vuestros magníficos empleados.

Este libro ofrece toda la información que necesitáis. No es preciso añadir sugerencias específicas complementarias.

CONSULTANDO CON UNA AUTORIDAD SUPERIOR

Es probable que la herramienta más valiosa que se menciona en este libro sea consultar con una autoridad superior para beneficiarse de su consejo y de su ayuda. Y cuando digo autoridad superior, me refiero a cualquiera que, vivo o muerto, represente una autoridad superior para vosotros, incluyendo al Creador, Jesucristo, el Buda, Krishna, Confucio, Mohandas Gandi, el profeta Mahoma, Moisés, Abraham, uno de los propios padres, un amigo, un socio, un presidente pasado o presente; en definitiva, cualquier persona.

Por ejemplo, si se trata de un ingeniero que intenta resolver un complicado problema, puede consultar con el gran inventor Nikola Tesla. Si el sujeto es un escritor que tiene dificultades con la novela que está escribiendo, quizá desee consultar con Harper Lee o algún otro destacado escritor. Un diplomático puede sentir el deseo de comunicarse con Benjamín Franklin. Simplemente debéis realizar los siguientes pasos:

1. Grabad los ejercicios A, B, C, D, E, F, G, U y V.

2. Rebobinad la cinta y escuchadla hasta caer en un estado hipnótico y entonces os dirigiréis a vuestra habitación privada interior. (Os encontraréis en vuestra habitación en cuanto concluya el ejercicio V.)

3. Permaneced en ella todo el tiempo que deseéis, ya que es allí donde consultaréis con vuestra autoridad superior. Olvidaos de la cinta, ya que no hay nada más grabado en ella y la grabadora se desconectará automáticamente cuando la cinta llegue al final.

4. Mientras permanecéis en la habitación, podéis invitar a cualquier persona. Podéis formular la invitación en voz alta o mentalmente.

Ésta es la forma en que yo procedo: después de llegar a mi habitación, digo mentalmente: «Solicito a mi amigo, consejero y guía Mohandas Gandhi que entre en mi habitación y me ayude. En este momento necesito su sabiduría y su consejo.» Luego pulso un botón que hay en mi habitación para abrir una puerta por la que entra mi invitado.

Cuando Gandhi acude a. mi llamada, me dirijo a él como si se tratara de cualquier otra persona. Le explico mi problema o le formulo una pregunta y espero su consejo. Nos comunicarnos. Cuando he obtenido lo que buscaba, y si él no tiene otra cosa que decirme, le agradezco que haya venido. Él se marcha y la puerta se cierra.

Realizo todo este proceso mentalmente, pero, como ya he dicho, podéis hacerlo en voz alta. Generalmente hablo mentalmente o en un susurro, porque el sonido de mi voz me distrae, y recojo también mentalmente la respuesta de mi invitado.

Este método es efectivo porque vuestra mente superior entra en contacto con la mente superior del invitado Por este motivo podrías consultar con un bebé recién nacido y recibir una información valiosa e inteligente ya que la mente consciente del bebé aún no se ha desarrollado.

Esta experiencia es realmente espiritual y muy poderosa. Gandi me ha ofrecido una ayuda inapreciable, así como también otros personajes a los que he invitado a mi habitación.

Cada persona tiene una experiencia única al invitar a alguien a su habitación y pedirle consejo. Algunos ven a la persona entrando en su estancia y escuchan su voz (esto es lo que me sucede frecuentemente). Otros no ven ni oyen a su invitado pero sienten su presencia y reciben la información solicitada (también he vivido esta experiencia). Otros no ven ni sienten nada, pero actúan como si la presencia estuviera allí y hablan con su invitado (he practicado esto varias voces). Todas las situaciones son válidas y efectivas.

Algunas veces la información necesaria se recibe de inmediato dentro de la habitación. En otras ocasiones la respuesta no llega instantáneamente, pero más tarde, cuando menos lo esperéis, aparece en vuestra mente. No debéis rendiros; el método es efectivo y muy interesante.

En ocasiones he recibido la información solicitada mientras conducía mi coche horas más tarde de haber realizado la sesión en mi habitación (incluso uno o dos días más tarde). Sin embargo, lo normal es recibir el consejo solicitado durante las 72 horas posteriores a la consulta. En caso contrario, repetid la sesión y persistid en ello hasta conseguir vuestro propósito. Cada vez os resultará más fácil y más efectivo.

Con frecuencia la respuesta buscada puede revelarse de un modo extraño o sutil. Suelo comprar el periódico solamente los miércoles y los domingos, porque esas dos ediciones contienen todos los anuncios, el resumen de todas las noticias y los mejores cómics. Un domingo por la tarde me dirigía a mi habitación para hacer una consulta con Ernest Hemingway. Deseaba abandonar mi empleo y dedicarme a escribir, a dar conferencias y ayudar a la gente por medio de la hipnosis. No estaba demasiado decidido a hacerlo puesto que llevaba 18 años trabajando en el mismo sitio y era un ejecutivo que disfrutaba de un salario confortable. Abandonarlo por algo tan inseguro parecía una tontería. Expliqué mi situación a Hemingway. No respondió nada; simplemente me escuchó. Le agradecí que hubiera venido y se marchó.

A la mañana siguiente, mientras conducía hacia mi trabajo, sentí una imperiosa urgencia de comprar el periódico. Considero que el periódico de los lunes es el menos interesante y, sin embargo, allí estaba yo comprándolo impulsivamente.

Durante el almuerzo me dediqué a leerlo, y en una de las páginas interiores encontré un artículo de relleno en el que se leía: «Hay muchas buenas maneras de fracasar, pero la más exitosa es dejar pasar una oportunidad.» Estas palabras destacaban de la página y me indicaban lo que yo necesitaba saber. Aprovecharía la oportunidad y abandonaría mi trabajo y conseguiría tener éxito en aquello que decidiera hacer. Así lo hice y aquí estoy.

Os recomiendo que os aventuréis por esta poderosa vía de comunicación con la inteligencia superior.

LA HIPNOSIS DURANTE EL SUEÑO

Existe aún otro uso muy efectivo de la hipnosis que es fácil de poner en práctica: dormirse escuchando una cinta que habréis grabado previamente. No me estoy refiriendo a utilizar la hipnosis para dormir mejor —aunque también es posible emplearla para ese fin—, sino a aplicarla para alcanzar cualquier meta que os propongáis.

Ni vuestra mente subconsciente ni vuestras facultades auditivas duermen jamás. Por lo tanto, aunque estéis dormidos mientras la cinta avanza, vuestra mente absorbe toda la información e inicia el proceso de materializar vuestra realidad. Al dormir os encontráis en un profundo estado hipnótico, y por esta razón el procedimiento resulta muy efectivo. Realizad los siguientes tres pasos:

1. Grabad los ejercicios A, B, C, D, E, F, I, G, U y V y a continuación verbalizad todo aquello que deseáis se haga realidad.

2. Cuando decidáis iros a dormir conectad la grabadora.

3. Ésta se desconectará automáticamente al final de la cinta sin que os despertéis.

En las cintas utilizadas para este procedimiento no se incluyen instrucciones de visualización, únicamente indicaciones verbales. El método es muy efectivo. Por ejemplo, supongamos que tenéis una entrevista laboral al día siguiente. En este caso incluiréis en la cinta las sugerencias adecuadas para tener éxito en dicha entrevista. Estaréis serenos, hablaréis inteligentemente, seréis atentos sin ser efusivos, etcétera.

Luego os iréis a dormir mientras la cinta hace todo el trabajo. Al día siguiente la entrevista será un éxito.

CAPÍTULO 13

El siguiente paso

TODO LO QUE HABÉIS LEÍDO hasta este momento os capacita para enriquecer vuestra vida mediante la hipnosis y la autohipnosis. Este capítulo contiene la información necesaria para ir un poco más allá de la autohipnosis y aventuraros en el asombroso reino de la experiencia psíquica.

EL REINO DE LO PSÍQUICO

Palabras como visualización, alfa y teta han aparecido repetidas veces a lo largo de este libro. Se han hecho muchas referencias a algo que existe más allá de la hipnosis y se os ha dicho que vuestras capacidades son prácticamente ilimitadas. Se ha destacado también que se pueden realizar muchas otras cosas además de las interesantes situaciones de las que ya nos hemos ocupado. Ya habéis aprendido cómo dominar y modificar vuestra vida en todos los sentidos. ¿Qué más se podría hacer?

Si vuestra experiencia de aprendizaje de la hipnosis se asemejara a nuestro sistema educativo tradicional, en este punto os diría: «Acabáis de terminar el curso de párvulos.» Reflexionad un momento: acabáis de aprender una de las más poderosas, útiles e interesantes habilidades imaginables y, sin embargo, os digo que sólo habéis dejado atrás el curso de párvulos. Evidentemente, concluiréis que debe haber una increíble experiencia más allá de los límites de lo que denominamos autohipnosis.

Y de hecho la hay. Tenéis la capacidad de desarrollar vuestro sexto sentido (el sentido psíquico) y utilizarlo con la misma facilidad que practicáis la autohipnosis. Cuando realizáis algunos de los ejercicios mencionados en este libro la hipnosis os conduce hasta—y a través de—la puerta del reino psíquico. Por ejemplo, cuando practiquéis el ejercicio U, que consiste en dirigirse hacia la propia habitación interior y comunicarse con otros seres humanos inteligentes, en realidad os encontraréis en el reino psíquico.

En el reino psíquico existe la telepatía mental, la sanación psíquica, la clarividencia, la psicometría y otras cosas más. Todos tenemos un sexto sentido por derecho de nacimiento (una habilidad psíquica innata), pero no siempre este sentido se desarrolla y se utiliza al máximo de sus posibilidades. La hipnosis ofrece una forma excelente de adentrarse en el desarrollo psíquico. No es necesario haber aprendido o practicado la hipnosis para desarrollar la habilidad psíquica, pero si se ha experimentado previamente con la hipnosis, el desarrollo de dicha habilidad será mucho más rápido y más profundo.

Meditad un momento acerca de dónde vivimos, quiénes somos y qué es la vida. Vuestra experiencia vital como seres humanos en una sola dimensión de un diminuto planeta situado en un universo de increíbles proporciones dentro de otros universos. ¿Cuántas dimensiones existen?. No lo sabemos, pero sí sabemos que hay muchas. ¿Cuántos universos hay? Muchos. Cuando se piensa en estas cosas, uno se siente muy insignificante. En realidad somos insignificantes en un sentido físico.

De hecho no somos realmente seres físicos, sino que habitamos temporalmente un receptáculo que llamamos cuerpo. Somos seres inteligentes—seres espirituales—, energías vivientes y eternas que siempre han existido y que siempre existirán. Somos una parte significativa de la inteligencia cósmica y, como tal, tenemos acceso a cualquier información que contenga dicha inteligencia. Ahora no os sentís tan insignificantes, ¿verdad?

Bien, nunca deberíais sentiros insignificantes porque participáis de todo lo que existe. Modestos, sí. Humildes, también. Pero nunca insignificantes.

Las consecuencias de lo que acabo de decir son enormes y sobrecogedoras. ¿Significa esto que, de algún modo, tenemos acceso a la información de otras dimensiones, de otros mundos, de otras mentes? Así es, eso es exactamente lo que he querido decir. Y es más que eso: es la pura verdad.

¿Cómo es posible?

No habéis hecho más que iniciaros en ello a través de la autohipnosis. Si tenéis la intención de iniciaros en el reino de lo psíquico, os recomiendo mi libro Psychic Development for Beginners (Desarrollo psíquico para principiantes), Llewellyn Publications, 1996).

Visualización

La visualización es la clave para tener éxito con la autohipnosis y para introducirse en el dominio de la experiencia psíquica. Cuanto más nítidamente se visualicen, creen y retengan imágenes mentales, mayor será la capacidad para conectarse con cualquier experiencia inteligente. Podréis, por ejemplo, conversar con Gandhi en vuestra propia habitación interior, invitándolo a visitaros y visualizándolo allí. El alojamiento temporal de Gandhi, su cuerpo, está muerto pero él continúa vivo como una energía inteligente en alguna dimensión y que está a vuestra disposición. Todas las energías inteligentes están disponibles sin ningún tipo de limitación.

Es posible ir a cualquier lugar en un nivel de inteligencia mental sin que vuestro cuerpo físico abandone la habitación. Esto es un viaje astral, y la visualización es una herramienta útil para practicarlo.

Alfa

Es posible conseguir todo aquello de lo que nos hemos ocupado en los primeros doce capítulos introduciéndonos en el nivel alfa, en cualquier zona del nivel alfa. Cuando más profundo lleguéis (frecuencia inferior), más cerca estaréis del nivel teta y más profundas serán vuestras experiencias. Para entrar en el reino de lo psíquico es necesario que la actividad cerebral se desarrolle en el nivel teta, pues desde allí es posible disfrutar de experiencias más profundas. Sin embargo, también es posible conseguir una experiencia psíquica en el nivel alfa.

Teta

En este nivel es posible realizar un viaje astral, comunicarse con otras mentes o con otras fuentes de inteligencia, aprovechar los recursos de la inteligencia universal y experimentar una profunda iluminación.

Alcanzar el nivel teta es relativamente fácil. En primer lugar, es preciso ser un experto en autohipnosis para que la mente esté entrenada para introducirse instantáneamente en alfa por el mero hecho de desearlo. Esto sucederá automáticamente si practicáis la autohipnosis diariamente al menos durante 15 minutos; en un momento determinado os daréis cuenta de que todo lo que necesitáis para entrar en alfa es desearlo. Así es como yo lo hago: simplemente deseo que suceda. Podéis compraros instrumentos que os indiquen que habéis alcanzado alfa o teta, pero yo no los recomiendo por dos razones. La primera es que son muy caros, y la segunda es que las instrucciones de los siguientes párrafos permiten estar siempre en control de la situación y no depender de ningún artefacto. Mi objetivo es que seáis capaces de ser totalmente autosuficientes e independientes.

Cuando lleguéis a ser tan diestros con la autohipnosis como he indicado, seréis capaces de programaros para entrar en teta cada vez que estéis en vuestra habitación y hagáis una cuenta atrás del diez al uno mientras visualizáis los números.

Después de hacerlo, intentad recuperar alguna información específica o establecer un contacto determinado. Es preciso planificar con anterioridad el proyecto a realizar (para empezar debe ser un proyecto simple). Si lográis poner en práctica el proyecto, habréis alcanzado el nivel teta. En caso contrario, practicad diariamente la programación hasta que resulte efectiva, y seguramente lo conseguiréis si sois perseverantes. Algunas veces no obtendréis una respuesta inmediata pero, si durante el ejercicio se ha alcanzado el nivel teta, la recibiréis en las siguientes 72 horas.

Cierta vez necesitaba consultar con una inteligencia superior para que me guiara en un asunto personal. No ocurría nada especial, aunque yo sabía que había alcanzado el estado teta. Al día siguiente, mientras conducía mi coche, fui visitado por esa inteligencia que había solicitado. Las palabras claves son: Paciencia, Perseverancia, Práctica.

El mundo está literalmente a vuestras órdenes si desarrolláis suficientemente vuestras habilidades. Llegad lo más lejos que deseéis. Es vuestra propia elección.

www.ingramcontent.com/pod-product-compliance
Lightning Source LLC
Chambersburg PA
CBHW050459290526
45786CB00006B/2362